第一次
北海道
親子自由行
好 CHILL

第一次 北海道 親子自由行 好 CHILL

法蘭西 著

目錄

Chapter 4　JR PASS 7 日周遊券輕鬆玩

Chapter 5　親子遊景點推薦

札幌

小樽

旭川

登別

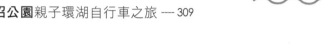

久違了，北海道！

　　完全無法預期的疫情，讓親子遊的旅行嘎然按下暫停鍵。而疫情後的旅遊爆發，使旅行的成本不同以往。面對機票的高漲、住宿費的增加，就連JR周遊券也不敵成本漲價了，但我們家的親子遊依舊會排除萬難地持續進行著。因為帶著孩子去旅行，不僅可以觸發孩子的五感，亦培養親子間的包容性以及耐受適應力。親子遊可以讓孩子瞭解外面世界有多大，讓我們一起學會謙卑、惜福。旅行時計畫總會趕不上變化，在面對突發事件時如何解決問題，也是讓孩子在親子旅行中，潛移默化地學習父母的應變及處理方式，也對孩子的強大可塑性感到驚豔。還有還有，在親子旅遊飽滿的記憶中，延展著我們與孩子的親密賞味期，很久很久……

　　北海道太多元太美好，值得帶著孩子在不同的季節走訪。這本書是以札幌為中心，放射性往北走旭川—美瑛—富良野路線，順時針往南逛登別—洞爺湖—函館路線，再從札幌為中心前往小樽的熱門路線。主要

是為父母考量，帶著孩子們前往境外之北的北海道，用最輕鬆、自在、交通便利以及不傷腦的旅遊思維，來進行這場歡樂的親子遊！

　　走訪北海道許多次，北海道有讓我們一訪再訪的魅力。北海道幅員廣大，不像東京有四通八達的交通網絡，書裡用北海道周遊券JR 7日券，就能隨興趴趴走的行程拼圖，方便讓讀者可以跟隨著我們的旅遊軌跡，以拼圖的方式編排出專屬自己的親子旅遊地圖。在北海道自助旅行並不難，但是必須先做一點功課。這本書紀錄我們一家人在北海道的足跡，北海道還有許多美麗的景點都等著我們帶著孩子去發掘，藉由這本拼圖式的指南，希望能夠創造出屬於你們的歡樂親子之旅。

法蘭西

CHAPTER 1

北海道歡樂藏寶圖

北海道玩再多次都不會膩

▲ 窗景隨手拍就美到不行的北海道風光

　　10年前第一次踏上北海道的土地，當時介紹北海道的旅遊書籍屈指可數，像蒙著面紗、無從入手，自助旅遊功課做得很辛苦。近年來，北海道旅遊的魅力越來越夯，國人前往北海道旅遊人數也越來越多，北海道不再神祕，規劃北海道的旅遊書籍也不勝枚舉，北海道自助如同前往東京自助一樣，已是親子旅遊的熱門選項。

　　北海道位在日本最北端，北海道面積遼闊，擁有日本其他地方所沒有的獨特文化與自然景觀。北海道的美食特產更是不在話下，湯咖哩、成吉思汗烤肉、牛奶、哈密瓜、大閘蟹、海膽、海鮮等，更是富有盛名。

▲　司空見慣的帝王蟹
▼　北海道別具風味的哈密瓜
◀　濃郁的水果冰淇淋

北海道本身就是一張藏寶圖，它能熱門的理由其一是：北海道可是絕對不會讓你感到枯燥無味的！其二是：北海道的自然風光，隨著地域和季節的變化，有著豐富多變的表情，只遊玩一次絕對不足夠。而且一年四季都可以來，同一片北海道的旅遊景點，每個季節都有不同的色彩、不同的美，四季各去一次也得要四回，而且北海道面積遼闊，這塊土地分為道南、道央、道東、道北，景點遍佈各個小鎮，哪有只去一回就玩透的道理？住在北海道的日本人說：「一生至少要來北海道四次」，所以至少要來北海道玩四次才夠！

▼ 道東鶴見台

▲ 道東

▼ 北海道景點圖

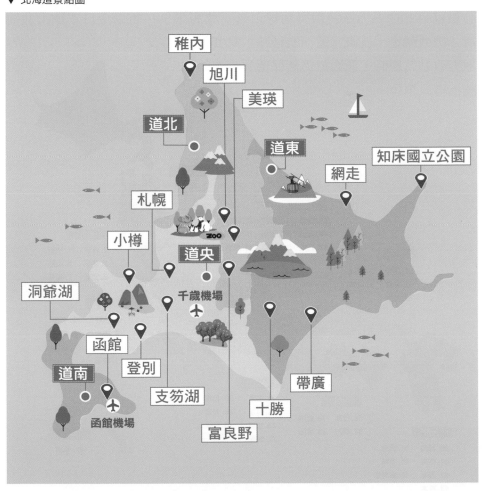

稚內
旭川
美瑛
道北
道東
知床國立公園
網走
札幌
小樽
道央
洞爺湖
千歲機場
函館
登別
道南
支笏湖
帶廣
函館機場
十勝
富良野

北海道的地理與歷史

為什麼叫做北海道？

　　蝦夷地（北海道）最初不算正式的日本領土，直到明治維新後才著手開拓，所以不屬於古代即有的五畿七道。1869年開拓當時，日本政府要為蝦夷地取新的名稱時，當時擔任閣員的松浦武四郎即以北方的「北」，阿伊努人稱此地的「カイ」（音近日文的「海」），及日本律令制使用的「道」命名，正式稱其為「ほっかいどう」（北海道），於是就以此命名方法將蝦夷地稱之為「北海道」，所以全日本加上北海道，總共就是「五畿八道」的稱呼，當其他地方改制為縣時，北海道仍舊保留其舊式的統治行政單位。

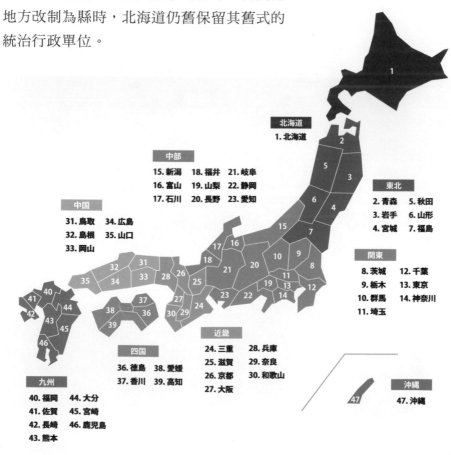

北海道
1. 北海道

中部
15. 新潟　18. 福井　21. 岐阜
16. 富山　19. 山梨　22. 静岡
17. 石川　20. 長野　23. 愛知

中国
31. 鳥取　34. 広島
32. 島根　35. 山口
33. 岡山

東北
2. 青森　5. 秋田
3. 岩手　6. 山形
4. 宮城　7. 福島

関東
8. 茨城　12. 千葉
9. 栃木　13. 東京
10. 群馬　14. 神奈川
11. 埼玉

近畿
24. 三重　28. 兵庫
25. 滋賀　29. 奈良
26. 京都　30. 和歌山
27. 大阪

四国
36. 徳島　38. 愛媛
37. 香川　39. 高知

九州
40. 福岡　44. 大分
41. 佐賀　45. 宮崎
42. 長崎　46. 鹿児島
43. 熊本

沖縄
47. 沖縄

現今，日本全國分作47個一級行政區，分別是一都（東京都）、一道（北海道）、二府（大阪府、京都府）、四十三縣，而其中的「一道」就是指現在我們熟知的北海道。

▼ 北海道地圖

稚內

道北

網走　知床國立公園

旭川
美英
道東
富良野

小樽
札幌　道央
洞爺湖
千歲機場
登別
十勝、帶廣
釧路

道南
函館
函館機場

北海道的開拓史

北海道周圍有太平洋、日本海、鄂霍次克海，是一個三面環海的島嶼。明治維新以前，北海道被稱為「蝦夷地」，蝦夷的原住民為阿伊努族（阿伊努語：Aynu），也譯為愛奴人。在西元1200年～1860年左右，北海道延續了原住民阿伊努族獨特文化的時代。

北海道沒有歷史，只有開墾史。西元1868年開始了明治維新，於是西元1869年將地名改為「北海道」，並且於1874年設置「屯田兵（從事北海道的警備、開墾的兼任農業的軍營）制度」，開始廣大土地的開發。

之後，阿伊努族文化加上東北和北陸等，日本各地文化互相融合，開始大規模的發展。後因西元1972年北海道主辦奧林匹克冬季運動會，為了當地觀光遊覽的發展重心設置了「北海道開發廳」。至今，北海道第一大城市札幌，已經成為有195萬人口的準直轄市。

▲ 北海道第一大城市—札幌

北海道的人文特點

　　北海道被雄偉的大自然環境所包圍，主要以農業及畜牧業為首，近海及遠洋漁業為輔，另還有礦業及伐木造紙業。自從西元1870年代開始開拓以後，施行開墾制度著力開發，又正逢明治時代的西化風潮，於是開拓時的建築風格大異於日本本州，無論木造或磚砌開始西化，漸漸呈現出華麗典雅的西方風格。例如：小樽當年被稱作北方華爾街的金融街，札幌的市政廳或者是函館的紅磚倉庫及教堂，都是當年西風東漸的影子。由於北海道居民來自不同地域，各色居民匯聚於此，因此造就了北海道居民，擁有高度包容力且胸襟豁達的人文特徵。因此不論是傳統風俗習慣，北海道的居民比起日本其他地方，都更多元及開放，對新鮮的事物接納度極高。

▼ 夜晚的函館紅磚倉庫

▶ 北海道居民的多元及開發

▼ 札幌的冬天

為什麼要來北海道尋寶的5個理由

（一）上山下海應有盡有的自然景觀：北海道自然景觀應有盡有，
每一處都是出自大自然的藝術作品。

▼ 自然景觀青池

▲ 來北海道必看的花海
◀ 下雪的青池美景

（二）**不受季節限制的四季旅遊景點**：北海道的美好不受季節左
　　右！每個季節都有獨特的景點和玩法，一年四季都可以來觀
　　光。夏天在花朵渲染的丘陵之間漫步，或登山觀賞只在北海
　　道能見到的高山植物；冬天白雪覆蓋大地，在北海道特有的
　　粉雪中滑雪，並乘坐破冰船體驗破冰而行；一邊欣賞雪景、
　　一邊享受露天溫泉，更是人生一大享受。

▼ 高山植物

▲ 支笏湖冬天露天溫泉好地方

◀▼ 鄂霍次克海破冰船體驗

一年四季都好玩的北海道：

春	春雪初融，悠閒暢遊	推薦地區：道南、道央、道東
夏	夏季新綠，花開季節	推薦地區：道南、道央、道東、道北
秋	秋楓葉紅，景緻迷人	推薦地區：道央、道東、道北
冬	冬季藏雪，滑雪天堂	推薦地區：道南、道央、道東

▲ 網走監獄

▲ 道東探訪物語

▼ 松前公園（松前城）開滿美麗櫻花

（三）**一網打盡自然美食購物行程**：即便僅是短短數日的旅程，在北海道能夠將自然風光、戶外活動、溫泉泡湯、血拼購物等心願一次完成。一下飛機就能從新千歲機場到南千歲北海道最大OUTLET MALL-Chitose Outlet Mall Rera血拼。還有離札幌JR車站車程僅要3分鐘的AEON桑園，以及札幌北廣島三井Outlet，來札幌一定不能錯過JR札幌站的JR TOWER，想要省腳程集中逛街，來札幌就對了！

▶ 蠟筆小新商品
▼ JR Tower

|貼|心|建|議|
札幌大型賣場血拼推薦

❶──新千歲機場購物中心

|特色|

國內線航廈2樓「購物世界」：伴手禮、衣服、包包、無印良品、郵局…
等等。

|交通方式|

1. 出境即到新千歲機場。
2. 從札幌到新千歲機場交通方式：主要有兩種方式，一是搭JR鐵路、一
   是搭巴士。

❷──千歲暢貨中心　Rera（Chitose Outlet Mall Rera）

（照片取自官網）

｜特色｜

店家林立在步道兩旁，能夠邊散步邊觀望有興趣的店家，除了約140間的店舖外，也有美食街及聚集了各式拉麵店的「拉麵博覽會」等豐富美食。

｜交通方式｜

1.　在新千歲機場和Rera之間往返，可以搭乘免費接駁車，所需時間大約10分鐘。
2.　從札幌搭乘巴士：
   * 從札幌站北出口搭乘直達巴士約1小時30分鐘。
   * 也可從札幌市區主要飯店、薄野（南4西3）搭乘機場聯絡巴士，於南千歲站下車後步行3分鐘。

❸——三井 Outlet Mall

(照片取自官網)

| 特色 |

有包含各種國際品牌及風格店鋪約180間。因為所有店鋪皆位於室內，即使雨天或下雪，也能不受影響的盡情採購和享用美食。

| 交通方式 |

1. 從新千歲機場搭乘直達巴士：車程30分鐘。
2. 從札幌站前（東急百貨南出口）搭乘直達巴士：車程約50分鐘。
3. 從札幌搭乘地鐵及巴士：
    • 從地鐵大通站搭乘東西線約15分鐘；於大谷地站搭乘中央巴士往三井Outlet Park車班約30分鐘。
    • 從地鐵札幌站搭乘東豐線約15分鐘；於福住站搭乘中央巴士往三井Outlet Park車班約25分鐘。

❹——AEON桑園

│ 特色 │

AEON裡面有超市跟衣物賣場，除了大超市賣場外，其他流行服飾賣場也很好逛，愛購物的要小心大失血。

營業時間：超市8：00~23：00、其他店面9：00~22：00（去之前請先上網查詢確認），跑完行程晚上再去逛都綽綽有餘。AEON一樓服務台處可辦理退稅，持短期觀光簽證（三個月內免簽）的外國觀光客，購物滿5千日幣（未稅）持護照可辦理退稅。特別注意退稅的服務時間是10：00~19：30。

│ 交通方式 │

離札幌車站最近的購物中心。從札幌車站出發的話，搭乘JR函館本線或學園都市線，距離札幌車站搭乘一站的距離（約2分鐘）。如果從札幌車站走路大約是20分鐘，出了桑園車站後，面前就是AEON桑園SHOPPING CENTER。

（四）**滿足老饕味蕾的在地特色美食**：北海道的特色在地美食絕對
　　與其他地方不同，例如：成吉思汗烤肉（羊肉）、各地特色
　　拉麵、湯咖哩、牛奶、哈密瓜、海鮮、大閘蟹……等，大啖
　　新鮮在地美食，滿足味蕾心滿意足，不為別的只為美食飛一
　　趟也值得！

▶ 哈密瓜一定要吃
▼ 捨不得吃的史努比聖代

（五）**搭車及自駕兩相宜**：北海道幅員廣闊，所以擔心交通不便嗎？錯、錯、錯！只要做好行前規劃、掌握搭車時刻及方式，在北海道就能以大眾運輸工具，輕鬆樂遊北海道。另外北海道人口少、車輛少，若要租車自駕，對於不習慣右駕的我們，北海道也是第一次嘗試在日本自駕遊的首選（但不建議在冬天雪季自駕哦）。

▲ 走累了租輛札幌的城市公用自行車 Porocle 吧

▲ JR 北斗七星號

｜貼｜心｜建｜議｜
北海道租車介紹

租車網站：關鍵字 Tabirai

　　北海道地廣人稀，除了札幌車較多，其他地方路上車子不算多，自駕並不難。雖然日本是右駕，只要提高警覺很快就可以上手，畢竟右駕反應上會不同，所以駕駛的速度不要太快，放慢速度並遵守當地的交通規則，安全至上。

　　北海道租車就到Tabirai（旅來網http：//tc.tabirai.net/car/），這是一家日本的租車比價平台，概念就像Booking.com的住宿平台。推薦這個網站理由是：

1. 從Tabirai租車，有可能比在租車店的官網便宜。
2. 從Tabirai租車，所有車種都包含免責補償險CDW（Collision Damage Waiver）：就是當發生交通意外時肇事的駕駛者就可以免除自負額的負擔；但需要注意，所有保險都需要有當地警察局發出的意外報告才會受理賠償，駕駛者可以受保險保障無須承擔全部賠償，只需要支付自負額，當發生意外時，依據情況判定，租車人最高負擔10萬日圓的自負額。
3. 而且有中文頁面，對於不會日文的爸媽可以不燒腦。
4. 包含中文對應導航的GPS導航機。（若從Tabirai日文網頁租車，有可能沒有中文GPS的導航語音）。
5. 租車後要再次確認費用，包括GPS導航、免責補償險、ETC、消費稅，這很重要。
6. 有小孩的話會須要加購兒童安全座椅的費用，租車時選的車款，現場有時會給您同等級的車款，不一定會是原本指定的車款。
7. 預約完成之後會有「預約號碼及密碼」，如果要變更或取消會使用到這組號碼。
8. 使用Tabirai中文網頁租車，一定要保留確認預約的信件、預約號碼及

密碼，這組預約號碼就是登入、修改與聯絡的識別碼。

在日本租車，出發前必備文件要備好，到北海道租車時必須出示以下文件：

1. 台灣的汽車駕照
2. 到台灣監理站申請「日文譯本駕照」，入境一年內有效。
3. 護照
4. 預約單

▲ 北海道租車

北海道為什麼會這樣？

　　不管是爸爸媽媽還是小朋友，大概都聽過或讀過《十萬個為什麼》，身為爸媽的我們，帶著孩子前往北海道，當孩子問有關北海道的知識時，請趕緊翻閱這個單元，免得被孩子問倒，一起與孩子來一趟寓教於樂的知性之旅！

✚ 關於北海道交通的為什麼？

Q 北海道的火車為什麼會發出類似「嗚嗚」的汽笛聲呢？

A 因為這裡野生動物種類很多，例如蝦夷栗鼠、狸貓、狐狸、鹿等等，常會不小心跑到鐵道上、穿越鐵道。火車經過時為了預防撞上牠們，保護牠們寶貴的生命，會在行進間或進入隧道時，鳴笛發出警告聲響，來預先提醒這些誤闖的野生動物們。

▶ 北海道的野生動物

▲ 北海道的 SL 蒸氣火車

Q 為什麼北海道公路上常看到紅白相間往下指的箭頭？

A 北海道公路上往下指的箭頭，是駕駛人下雪時的平安符喔！稱為矢羽根（意作：鷺或鷹的尾羽），這是積雪時提供駕駛辨認車道邊界的指示牌！在下雪一片白茫茫中分辨路面的狀態，所以用矢羽根來指引路面的位置，以確保車子在白雪茫茫時，確實知道走在對的道路上，以保持行車安全。同時，矢羽根的設計，有太陽能面板蓄電的電力，在夜晚或能見度低的時候，會閃爍發光以提醒所有的駕駛人要注意安全，「矢羽根」是北海道特殊的交通景象。

▲ 下雪一片白茫茫中分辨路面的狀態

▲ 矢羽根是下雪時的平安符

關於北海道道民的為什麼？

Q 北海道的蝦夷人是從哪裡來的？

A 在日本西元720年由舍人親王所撰正史《日本書紀》中，有提到在奈良及平安時期，當時的北海道是屬於出羽國，當時出羽國地區被統稱為「蝦夷」，所以居民也被稱為「蝦夷人」。據說「蝦夷人」與北海道當地原住民阿伊努族（或譯愛奴族）為同宗一脈。另外有一種傳言是，在舊石器時代，當時的北海道與亞洲是連在一起的完整版塊，而蝦夷人是從西伯利亞經庫頁島移居到這裡。而約在一萬年前，北海道因地殼變動而與亞洲大陸脫離成塊，才形成一個四面環海的島嶼，所以蝦夷人某種程度地保留了歐羅巴人種及蒙古人種身上體毛較多以及捲髮的特色。

Q 北海道與本州（東京）有何關係？

A 北海道因為位處在日本最北邊，又是四面環海的獨立島嶼，所以比本州開發及發展時間慢很多。明治政府的開拓政策，鼓勵許多日本人從本州各地移居到北海道道內，才開始有外來人口湧入的熱潮，展開了北海道發展繁榮的新頁。又恰巧北海道開發適逢明治時代西化的風潮，使得北海道早期開拓建築風格異於日本本州，這裡木造或磚石砌的建築都呈現出華麗典雅的西方風格。例如：當年小樽被稱作北國華爾街的銀行街，或是札幌的市政廳以及函館紅磚倉庫及教堂，都可以發現昔日西風東漸的影子。

Q 北海道道民與本州人有什麼不一樣？

A 由於明治時期，有大批來自日本各地的新住民，日本地方說話腔調，南腔北調會導致無法溝通，因此便以標準音（關西腔）為主。其中與本州人相較下，北海道人較不擅言詞及表達意見。另外，值得一提的是北海道和日本本州人賞櫻習慣不同，日本本州人賞櫻會攜帶輕食、冷食便當搭配茶飲和啤酒；而北海道人賞櫻則是大啖大閘蟹、生火烤肉並大口暢飲啤酒，豪邁爽快的賞花，這當然也與在地日常的飲食習慣有很大關聯。

▼ 啤酒節

Q 北海道道民與東京都市民有什麼不一樣？

A 外地人形容北海道人是「日本的外國」或「日本的美國西部人」。由於北海道的發展歷史不長（約150年），開拓時代的移民包括了本州人與外國人，因此北海道人具有積極對外開拓的冒險精神，並以獨立自由及擁有雄偉的自然為傲。例如：札幌過去為殖民地，個性大多開放而淡泊；函館和小樽在北海道是較具有歷史的地域，所以性格較保守；內陸地方的人有著強大的毅力，亦有不屈不撓的個性。北海道人民最令人印象深刻的是，對氣候環境的樂觀態度、對自然生態保有敬意與守護，這也是北海道人的生存適應之道。

▲ 不屈不撓的北海道人

Q 北海道的人以什麼維生？

A 北海道主要以農業及畜牧業為首，例如：「男爵」馬鈴薯（種植者的身份是男爵，於是這品種的馬鈴薯，就被稱做男爵馬鈴薯）、山藥和甜玉米。北海道有乳品聖地的美名，所以其濃郁的奶類及乳製品也是主要及受歡迎的產品。另外以近海及遠洋漁業為輔，例如：北海道炭烤帆立貝、現剝海膽、水蒸帝王蟹、烏賊生魚片、石狩鍋……等美食盛名遠播。又有豐富的自然資源，連帶工礦業及伐木造紙業也蓬勃發

展。後因西元1972年奧林匹克冬季奧運而設置了北海道開發廳，開始將當地觀光旅遊作為發展重心，近年來觀光業已是當地店家重要的收入來源。

▼ 北海道盛產玉米

▼ 濃郁的鮮奶

➕ 關於北海道白雪的為什麼？

Q 北海道的雪有什麼特別的地方？

▲ 森林體驗走雪

A 北海道冬天的雪被稱作「粉雪」（こな雪），因為粉雪含水量低，質地是顆粒粉狀，與日本本州的雪質略有不同，因此北海道的雪場，被譽為日本雪質最好的滑雪勝地。

Q 北海道人與雪有什麼關係？

A 下雪早已是北海道人日常生活的一部分，札幌每年平均降雪量達597cm，為全世界各大城市罕見的雪量。因此札幌市政府每年都會分配「雪對策」費用，市民則會分配拿到一筆除雪費，但他們並沒有把

大雪當作一種負擔，反而與雪創造出共存共榮的生活模式。

自從西元1950年舉辦了第一場雪祭，有堆雪人、打雪仗等娛樂活動，除了當地民眾參與，也吸引了每年來自世界各地的觀光客來參加「札幌雪祭」。北海道「札幌雪祭」因而成為聞名世界的冬季盛事。在這期間，有特地來自各國的冰雕藝術家創作、札幌市民製作的小冰雕、各式卡通動畫人物冰雕……等，星羅棋佈地座落在札幌市中心街道上。

北海道的大雪也激發出許多文學創作的憂愁與浪漫，日本文學藝術家喜歡以北海道之雪景為創作題材。例如：三浦綾子的《小說冰點》，描述在北海道落寞雪景之下夫妻愛恨交織的故事；日本電影《情書》裡經典台詞「你好嗎？我很好」，就是北海道白色山嶺中，雪花飄落時迴盪出思念的聲音。

在大雪過後，北海道小學生會笑稱第一個在雪地上走出一條足跡路的同學為「除雪車」，雪已成為北海道人們生活幽默的一部份。

▲ 各種冰雕藝術作品

Q 雪地路滑，怎麼走路才不會跌倒仆街？

A 北海道人在雪地裡走路會儘量讓自己的鞋底完整貼在路面上，以小步幅的「擦步」方式行進，用這樣的步伐比較不容易滑倒。在冬季期間，常會看到各交叉路口或公共設施內，放著用於路面防滑的砂箱（すなばこ），砂子有些裝在袋子裡，有的裝在塑膠瓶裡，提供給道民在走路時，可以一邊往腳下的路面撒砂，一邊前進，是防止滑倒的貼心措施。

Q 為什麼北海道小學生在下雪天依舊穿著短褲上學？

A 北海道小學生的冬天制服多是短褲配半筒或長筒襪，有一說法是可以鍛鍊孩子在酷寒環境的體魄以及激發其堅忍心智。另一較科學的說法是室內空調約22度～24度，小孩的活動容易大量出汗，時而出汗、時而寒冷，穿短褲是避免溫差大而感冒的對策。日本人認為孩子是個小火爐，所以從幼稚園到小學，都不會刻意讓孩子穿太多衣服上學。

關於北海道吃的為什麼？

Q 北海道的自來水可以直接飲用嗎？

A 日本的自來水可以說是以好喝著稱，尤其是北海道的水特別受到讚譽。日本國內的自來水幾乎都可以直接飲用，而北海道山中的山泉水也很受歡迎，到了假日可以看到許多人帶著桶子來接水回去，不過最近也開始流行瓶裝的礦泉水。

Q 為什麼北海道到處都看得到拉麵店？

A 這裡的美食首推拉麵，北海道拉麵分佈密度絕對是全日本之冠。北海道「札幌拉麵」早已名滿天下，與「福岡博多拉麵」及「福島喜多方拉麵」並稱日本三大拉麵。除了札幌味噌口味拉麵之外，函館的鹽味拉麵、旭川的豚骨拉麵跟釧路的柴魚高湯拉麵，都讓人回味無窮。北海道是日本拉麵文化的重鎮，北海道代表性的拉麵佔日本知名拉麵總數的1/3。

▲ 札幌拉麵

Q 為什麼來北海道一定要吃成吉思汗烤肉？

A 北海道的美食推薦一定會有成吉思汗烤肉，成吉思汗烤肉片主要是採用沒有腥羶味的綿羊肉，以鋼盔般的鐵板子上烤出來的烤肉。一般台灣羊肉有一股腥羶的騷味，跟放牧於優質水源的北海道綿羊肉料理完全不同。成吉思汗烤肉的名稱，據說是在昭和年代時一位名為駒井德三的人，當他從札幌農校的畢業後到滿洲國任職，將大陸東北烤肉方法帶回北海道，繼而發揚光大的。

▲ 成吉思汗大黑屋

▲ 成吉思汗烤肉

Q 什麼是北海道的湯咖哩？

▲ 雞腿湯咖哩

A 湯咖哩是北海道在地人的日常美食，發源地在札幌，湯咖哩傳到日本其他地方受歡迎的程度尚可，唯獨北海道人獨愛此味而且樂此不疲。其歷史可追溯到西元1876年來札幌農學校任教的克拉克博士，他認為咖哩飯有蔬菜、雞蛋、馬鈴薯及肉類，是營養均衡的餐點，值得推廣。湯咖哩在北海道受歡迎的程度，可從前身是札幌農學校的北海道大學，仍設有專研咖哩的社團來證明。

CHAPTER 2

行前導讀情報

✈ 北海道要玩幾天？

　　北海道屬於日本「道」的行政區域，面積為台灣的2倍多，一般旅行社安排的北海道旅遊多為5天4夜。若要問我5天可以玩遍北海道嗎？我的答案是——北海道我親訪3次，仍然無法走遍看盡北海道的各處美景，更遑論欣賞到春夏秋冬不同季節的風貌。誠心建議，來到自然資源豐沛、美食豐富的北海道，最好就是分期分區旅遊，分成四季、分區域（北海道分為道南、道央、道北、道東四大地區，記住沒有道西喔！）慢…慢…的享受！

　　北海道當地居民也會這樣建議遊客，每回旅行選定單一個地區，以放射性或同心圓方式向外觀光。例如：選擇了道央的札幌，那附近的小樽、二世古、支笏湖、新千歲等，可以一起規劃進行程裡。千萬不要貪心選了距離太遠的景點，把時間浪費在交通上，舟車勞頓徒增體力上的疲勞，失去了旅遊的舒適悠閒感。北海道的便利及四季變化的自然景觀，是值得我們一去再去的好地方。

◀ 知名的富田農場除了薰衣草，
　也有許多其它花卉可以欣賞

哪個季節去北海道比較適合？

▲ 冬季的戶外活動

　　北海道與日本的其他區域相比，面積佔地大且遼闊，約佔日本總面積的22%，將近1/4的日本土地面積；同時也是世界上第21大四面環海的島嶼。

　　建議以札幌市區為中心，再劃分為道南、道央、道北、道東等四大地區，依旅遊天數來規劃旅遊。由於這四個區域位於不同的緯度，在四季都會有不同的特色風景、花卉以及休閒活動。

　　北海道非常重視觀光的推動，所以在不同時間、不同地區的大城小鎮，都會規劃並舉辦多元的慶典及活動，來展現北海道別具特色的風土民情。此時可以品嚐各地的當季美食，體驗各地的文化傳統，北海道為觀光所投入的程度，令人不得不深表佩服。成果就是讓來自世界各地的旅客趨之若鶩，當然，日本本國人也視北海道為他們休閒放鬆的旅遊勝地。

若在北海道旅遊旺季出遊，日本的機票、旅館費用都會比平時高；反之，在旅遊淡季，旅遊支出會比平時低。所以想到北海道自助旅行，想省錢又不想和其他遊客擠來擠去，建議避開出國旺季。不過要注意的是，在旅遊淡季期間，有些觀光地的店家或設施，營業時間會有所不同，也有可能會暫停營業。

▲ 花彩北海道

▲ 賞雪北海道

北海道的旅遊旺季	北海道的旅遊淡季
避暑暑假期間： **7月下旬～8月中旬**	4月～6月（黃金週4月底至5月初間除外），這兩個期間的星期一～星期五是北海道的旅遊淡季。
賞雪、玩雪冬季： **聖誕節前夕～翌2月底**	10月～11月，這兩個期間的星期一～星期五是北海道的旅遊淡季。

◀ 連筷子伴手禮都分四季，邀請遊客四季都來北海道。

北海道會很冷嗎？

　　北海道全區全年處於低溫，年平均氣溫為10℃。氣候特徵是夏短冬長、無梅雨季、很少有颱風登陸。夏天超過30℃的日子只有幾天，不過，地球暖化也有達到36℃的高溫，早晚溫差大時可以差到10℃以上。北海道每個季節的溫差也很大，四季非常分明，所以夏季夜晚也很少超過25℃以上，平均大約在16~19℃。冬天的白天，氣溫多在零度以下，最低氣溫是零下20℃左右。若能事先了解北海道氣候做好準備，就能讓你的北海道之旅更加舒適。建議可參考日本氣象網站（https：//tenki.jp/），功能列中有圖示的指數情報（體感指數情報、服裝指數情報……等）。

▲ 最低氣溫是零下 20℃左右

日本氣象網站 https：//tenki.jp/

體感溫度指數情報

https：//tenki.
jp/indexes/self_
temp/1/

服裝指數情報

https：//tenki.jp/
indexes/dress/1/

北海道穿搭建議

初春的北海道 ◆ 服裝指南（3月～4月上旬）

　　這時期的冷空氣逐漸減弱，讓人感覺春天即將來臨。由於是季節交替之際，需要在服裝上特別下功夫。北海道的初春穿著重點在腳部，經常會走在雪融了變滑的道路上，請務必慎選鞋子的防滑性。

春天外出
基本穿搭

圍巾方便攜帶及防寒

厚大衣外套

這個季節也可以
戴毛帽和手套

輕薄方便收納
的羽絨外套

具防水功能的鞋子

衣物	男性	女性
上半身	厚大衣、羽絨外套、毛衣、刷毛外套	厚大衣、羽絨外套、毛衣、刷毛外套
下半身	防潑水褲	防潑水褲
內搭款	發熱衣、背心	發熱衣、厚褲襪
步行鞋	保暖襪、防滑靴	保暖襪、防滑靴
搭配物	毛帽（可蓋至耳朵）、圍巾、口罩、手套、太陽眼鏡（可充當雪鏡）、傘	毛帽（可蓋至耳朵）、圍巾、口罩、手套、太陽眼鏡（可充當雪鏡）、傘

暖春的北海道 ◆ 服裝指南（4 月下旬～ 6 月）

　　北海道的櫻花比本州、關東地區約晚1個月左右才開花，約是在5月初進入盛開期。此時早晚仍有寒意溫差大，切勿穿著太過單薄的服裝。

春天（5月）
外出
基本穿搭

夾克搭配帽 T

薄外套

刷毛外套
依溫差和地區方便穿脫的刷毛設計，裡面再加一件薄毛衣更好

雨傘
準備輕便的雨傘以防下雨

衣物	男性	女性
上半身	夾克外套、針織外套	刷毛外套、薄外套
下半身	牛仔褲、休閒褲	牛仔褲、休閒褲
內搭款	帽T、背心	帽T、背心、褲襪
步行鞋	襪子、運動鞋	襪子、運動鞋
搭配物	帽子、圍巾、手套、太陽眼鏡、傘	帽子、披肩、手套、太陽眼鏡、傘

51
行前導讀情報

夏季的北海道 ◆ 服裝指南（7月～8月）

北海道以往夏天不會太悶熱，舒適宜人，不過近幾年來有超過30℃的酷暑日。在市區觀光、夜間觀光、緯度不同的郊區時，早晚溫差仍大，需準備不同的服裝，也是夏天的穿著重點。

夏天外出
基本穿搭

可穿薄長袖
薄的小外套

戴帽子可防紫外線

早晚溫差大，
攜帶方便收納
的羽絨背心，
穿長褲也能防
蚊蟲

墨鏡 防曬乳 陽傘
8月的夏季有30℃，
請做好防曬！別忘了
早晚溫差大哦！

衣物	男性	女性
上半身	薄外套	薄外套
下半身	牛仔褲、休閒褲、短褲	牛仔褲、休閒褲、裙子
內搭款	襯衫、T恤	洋裝、襯衫、T恤
步行鞋	襪子、運動鞋	襪子、運動鞋
搭配物	帽子、太陽眼鏡、傘	帽子、太陽眼鏡、傘

秋天的北海道 ◆ 服裝指南（9 月～ 11 月）

　　北海道過了9月以後會迅速轉變為秋天。這個季節是可以在清澈空氣中享受觀光和美食的舒適季節，但也可以利用洋蔥式穿著，例如：外套底下可加件薄上衣。10月是早晚溫差開始加劇，所以請準備暖和的長袖上衣。11月有些區域可能氣溫已經零度以下，請準備冬天的衣物做好保暖措施。9月～11月是降雨多的的月份，別忘了攜帶雨傘喔！

秋天外出
基本穿搭

薄大衣外套

穿夾克或帽 T

準備便於收納的羽絨衣或
背心，冷的時候套在外面
防寒

衣物	男性	女性
上半身	夾克外套、針織外套	薄外套、針織外套
下半身	牛仔褲、休閒褲	牛仔褲、休閒褲、裙子
內搭款	襯衫、T恤、背心	洋裝、襯衫、T恤、背心
步行鞋	襪子、運動鞋	襪子、運動鞋
搭配物	帽子、太陽眼鏡、傘	帽子、披肩、太陽眼鏡、傘

冬季的北海道 ◆ 服裝指南（11月～2月）

　　北海道的冬季（12月、1月、2月）是北海道的寒冬，每個月的平均溫度都在零度下！10月下旬～11月上旬時北海道各地皆可觀測到初雪，11月下旬起就正式進入冬天了。北海道的冬天很長，會一直持續到3月融雪為止。札幌11月就開始下雪，1月下旬～2月上旬積雪量最多，一定要準備充分的禦寒物。北海道冬季的服裝與必備物品，絕對需要圍巾、帽子、手套！

冬天外出
基本穿搭

圍巾和手套
防寒防風

戴毛帽和耳罩

厚襪子能保暖

具防水、防滑功能的鞋子

衣物	男性	女性
上半身	厚大衣、羽絨大衣、毛衣、刷毛外套	厚大衣、羽絨大衣、毛衣、刷毛外套
下半身	冬天防潑水褲	冬天防潑水褲
內搭款	發熱衣、背心	發熱衣、厚褲襪
步行鞋	保暖襪、防滑靴	保暖襪、防滑靴
搭配物	毛帽（可蓋至耳朵）、圍巾、口罩、手套、太陽眼鏡（可充當雪鏡）、傘	毛帽（可蓋至耳朵）、圍巾、口罩、手套、太陽眼鏡（可充當雪鏡）、傘

｜貼｜心｜建｜議｜
下雪時穿搭指南

　　冬季時氣溫時常在攝氏0度以下，路上可見到積雪，冬天到北海道旅遊的話可千萬別忘了禦寒四寶：口罩、保暖帽（可蓋到耳朵者較佳）、防水手套、以及厚毛襪等保暖物品喔！

　　北海道下雪時適合的穿搭，當地的人會穿上連帽大衣或是戴上毛帽取代傘具，進入市內時再把身上的雪撥落。冬季到北海道旅行時，一定要攜帶手套、毛帽或是厚的連帽大衣。

✚ 怎麼穿【洋蔥式穿法】

1. **內層**：圓領內衣及發熱衣，各一件。
2. **中層（保暖層）**：Fleece（100%聚酯纖維）T恤及輕薄保暖的羽絨外套各1件。
3. **外層（保護層）**：有防風、防潑水附帽子的外套較佳。
4. **長褲**：防風保暖材質的褲子或有鋪棉的褲子。除非是要去滑雪否則不建議穿雪褲，因為在室內穿著並不舒服。
5. **零下三寶**：保暖帽（可蓋到耳朵者較佳）、防水手套、以及厚毛襪。
6. **口罩**：讓臉部周圍的空氣徹底保溫，還可以讓鼻子及喉嚨不易乾燥，另外還可以預防感冒！日本藥妝店有賣許多實用口罩，舉凡不易脫妝、小臉效果、抗菌等等通通有！
7. **腳部保暖**：毛襪跟防水的雪靴（防水防滑靴）。
8. **小孩穿著**：基本上跟大人的穿法差不多，要注意的是，除了貼式的暖暖包之外，可以準備些攜帶型的暖暖包（以防小孩戴不住手套）。

行李整理方法

　　攜家帶眷的親子出國遊，是不是很想把所有用品帶在身邊，以備不時之需？不時之需，這4個字是否會讓你怯步，乾脆不出門？其實，親子出遊只要掌握幾個原則，沒有這麼難。尤其是北海道，對大小孩子超級友善，舉凡商場、餐廳等都備有嬰幼兒的手推車、小小孩的餐具等，不用堅持一定要自帶。北海道親子遊的優勢在於豐富的戶外活動，如：公園、農場、動物園等等，玩都玩不完。所以也不需要帶太多玩具用品，小孩就能玩到非常開心。

　　面對有限的行李箱空間，如何把親子旅遊所需物品全部裝進去！首先準備一個好推的行李箱吧！因為你可能還要帶個嬰兒車、媽媽包、手抱小人、拿護照機票，好推的行李箱就非常重要。

　　自製屬於自家親子旅遊的行李清單（Checking List），特別是個人藥品及特殊用品，每次打包的時候就不會手忙腳亂，然後參考以下的建議增減。

✚ 行李箱物品

【衣物類打包】：打包旅行衣物。

　　打包行李之前，請先查看北海道預測天氣，我推薦的網站「Tenki Japan」（http：//tenki.jp/indexes/cloth_dried/）這個網站除了有實況天氣，也有指數情報的功能，例如：洗濯曬衣、穿衣建議、紫外線、體感溫度、水道凍結、洗車、戴圍巾、暖房、帶傘等指數；按查詢的地區，再點選想要知道的指數情報，即可查詢一週內的情報。

　　若需要帶拖鞋或涼鞋，可以用簡單塑膠袋或購物贈的防塵袋打包。必帶物品是：雨傘雨具（兼晴雨傘）、遮陽帽、墨鏡（冬天也需要）及備用夾鍊袋、塑膠袋（裝髒衣物）等。

旅行打包小撇步，就是要運用各式各樣的收納包或是夾鏈袋，我的親子旅行會以不同顏色（大中小）收納包來收納個人衣物。例如：媽媽的旅行衣物用紅色、爸爸用咖啡色、哥哥用藍色、妹妹用粉紅等。每個人要拿自己的用品就知道在哪裡，不用一直喊媽媽，我也樂得輕鬆！用顏色管理收納袋之外，再善用夾鏈袋來收納小物，例如：圍巾、手套、口罩等等。

寶貝衣服攜帶數量：
衣服 =（天數 -2），
內褲 =（旅遊天數 +1，），
襪子 = 天數，髮夾髮飾 = 隨意

例如：旅行 5 天 4 夜的旅行，建議就帶 3 套衣服及 5 天的襪子；旅行 8 天 7 夜的話，就帶 6 套衣服及 8 天的襪子以此類推。至於髮帶、髮夾等小髮飾，做為搭配使用等小物，就依照自己喜好打包就好。外出衣物都規劃好之後，別忘了幫孩子多帶 1 套睡衣，以及旅遊天數 +1 數量的內褲喔！

【生活用品類打包】： 收好旅行的衣物後，再來就是生活必備的用品。
小小孩專用品：
如果孩子還在喝配方奶的階段，建議可以買奶粉分裝袋，將奶粉依照天數跟喝的次數，一包一包裝好。現在市售的拋棄式奶瓶，也很方便；如果孩子還須包尿布，也請記得攜帶足夠片數的尿布及小方巾等！此外，別忘記小小孩的牙刷與牙膏，嬰幼兒專用洗髮精、沐浴乳、乳液旅行組（或自行分裝）、泡沫式奶瓶清潔劑，建議使用平常慣用品牌以及愛玩的小玩具。

個人專用藥品：
提醒各位若需要備用藥品，請在出國前向小兒科醫師諮詢，以確保安全。外出旅行，要準備一些小兒退燒止痛藥水、暈車/暈機藥、感冒藥水、感冒藥、腸胃藥、OK蹦等個人需要的常備藥品，以備不時之需。

大人專用物品：
衛生棉 / 護墊、普通眼鏡、隱形眼鏡、隱形眼鏡保養液（日拋不需帶）、美美媽咪的保養品及化妝用品（可考慮百貨週年慶附贈的試用包等）。

✚ 行李箱打包術：

　　以上這些東西要如何塞入行李箱啊？原則就是分裝、使用收納包、排除袋中空氣、塞縫隙以及緊密堆疊！

1. 零碎物品都使用適當大小的收納包（如方形收納包）/夾鏈袋分門別類裝好、排除空氣，儘量讓每一包呈現「方形」（圓弧形容易浪費空間）。

2. 體積大的物品先放，較小的物品塞縫隙，儘量緊密、整齊地擺放。

3. 柔軟可塑形的物品 （圍巾、毛巾等） 最後用來填補空隙，亦可用來包覆電子產品避免碰撞。

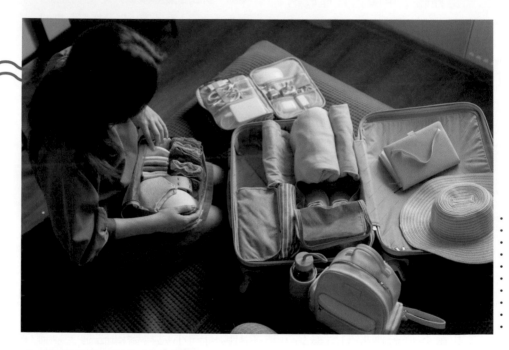

✚ 旅行出發前的打包順序

【出國前1-2天】：打包上述的衣物類和生活用品類。

【出國前1天】：奶粉、隱形眼鏡、保養品；隨身包包裡頭也可以先放好護照、現金、信用卡、電子機票、衛生紙濕紙巾等。前一天記得把該充電的 (相機、手機) 都充飽電，並將充電線用夾鏈袋裝好；別忘了還有嬰兒推車。

｜貼｜心｜建｜議｜
北海道醫療經驗及注意事項

　　旅行一定要帶妥個人專用藥品，在這跟大家分享朋友帶小小孩，在旅途中發燒的就醫經驗。在旅途中小孩能健康快樂的玩樂當然是美事一樁，但也要預防若真的遇到孩子需要就醫的情境，因此特別請飛揚媽咪分享，他們一家在北海道就醫的經驗。

飛揚媽的苦口婆心，很重要！！！千金難買早知道

1. 帶孩子出門必備的藥品千萬別忘記，退燒藥、止咳、欣流、希普利敏、妙麗散等等慣用藥物。札幌很多藥妝店也有賣塞劑跟退燒藥，若真的忘記帶也可在當地購買，但其他常備藥物還是帶平常吃過的比較安心（避免發生過敏反應）！

2. 若緊急狀態發生，還是選擇當地就醫比較安心！善用google map搜尋飯店附近醫院，北海道旅遊社團中也能發文詢問！更重要的是直接找飯店櫃檯協助！

3. 我們遇到的狀況是櫃檯人員幫我們打電話詢問附近是否有小兒科，找到後再幫我們打電話去詢問醫院是否接受外國人看診？以及是否能用英文溝通？

4. 日本醫藥分業，看診及取藥是分開的喔！

5. 看診後別忘記索取診斷證明（需英文版），若確定為緊急狀況就醫回台後能跟健保局申請給付！當然若本身有其他保險也別忘記多申請幾份！醫療費用其實跟在台灣非健保身份就醫差不多喔！但加上診斷書之類的費用才會很多，自己可評估是否要申請理賠。

6. 對日本看診及醫藥服務十分滿意，每一款藥物除了名稱外還有照片提供對照！

7. 若孩子處於發燒狀態請不要貿然更改航班提早回台！一方面是具有傳染力，另一方面發燒入台的話，是會被疾病管制署列管喔！

8. 日本的醫療非常發達，建議留在當地就醫即可。

▶ 北海道醫藥分業，當日就醫紀念照 @@

CHAPTER 3

北海道親子遊攻略

親子共遊樂無窮

▲ 安排一場北海道親子遊

想要帶孩子旅行的父母，一定要先瞭解自己孩子的特質並「順其自然」，不要天真的以為，帶著孩子出國可以按照著原先的所有計劃按表操課，在安排旅行計劃就要把可能發生的情境加入其中，然後一定要有備案以便能隨時調整。在爸媽與孩子的作息差異之間，找到「出去玩」的著力點。

爸媽最常問的一句話是：「小孩幾歲才適合一起跟父母出國旅行？」請容我反問爸媽，你是希望旅行留下來的是父母的記憶還是小孩的記憶？自助旅行是非常個人化的，帶孩子出國旅行，是因為小孩沒人顧，還是想跟孩子創造共遊的記憶？或是與孩子一起在旅遊中學習。歐美父母帶著孩子旅行，完全無違和感，因為旅行本來就是歐美父母的日常沒什麼了不起，帶著孩子一起出遊就像是吃飯、睡覺一樣自然，孩子就是孩子，孩子的哭鬧與闖禍，也是自然！

親子旅遊要兼顧大人及孩子的景點，只要安排得宜，怎麼玩都開心。親子遊，小孩是主角，要以孩子的角度及觀點來安排行程，同時也要配合他們的作息。孩子遇上陌生新鮮的環境容易感到興奮刺激，精神體力耗費會較多，需要多一點休息適應的時間。有的孩子慢熱、有的孩子適應力強容易融入，行程千萬別排得太滿。只要你願意，帶小孩出門並不難。行前做好功課，行程保持彈性，旅途適當留白，就算迷路也是全家一起經歷的體驗，可以使孩子瞭解計畫趕不上變化，得學習隨機應變。感受與日常生活不一樣的旅遊，是花錢也無法塑造的內化經驗。

▲ 孩子適應力強

　　親子遊最大收穫就是：爸媽與孩子之間在旅遊期間產生的親密感及黏著度。要記得大人認為好的，未必是孩子喜歡的，凡事要順孩子個性而為，帶著不會表達自己意見的小小孩旅遊，父母帶到哪玩都可以。但當孩子有自我意識時，就該好好規劃旅程，別花了錢又破壞了親子關係。親子遊除了考慮孩子的體力，父母的體能也要考量，因為除了按照旅遊計畫的吃喝玩樂，同時也要面對旅途中的變化，親子遊時請把自己定位為孩子的大玩偶，一起共歡共享，用孩子的角度看世界。

　　安排親子旅程時，**以自己孩子的年齡、屬性、喜好，用孩子的角度、高度設身處地的規劃**，也加入能增廣見識的教育行程。在旅途中，切記要將心情放輕鬆，行程沒走透、錯過巴士火車、迷路都沒有什麼大不了，孩子跟在身邊旅行，就是最好的身教。爸媽的待人處事、臨機應變，孩子都看在眼裡、記在心裡。放鬆心情、好好享受，才能打造出一場圓滿的親子遊。親子遊的目的就是全家一起享受吃喝玩樂，千萬別本末倒置拘泥於小事，破壞了親子旅遊的興致。

＋ 親子旅遊的準備步驟，可依照個人需求調整順序：

■ **Step1**：抓出旅遊天數（配合連假+預排休假），以及衡量預算範圍。
■ **Step2**：選定喜歡航程來回時間（早去晚回），以及預訂住宿地點。
■ **Step3**：請用GOOGLE大神關鍵字「行程規劃」，會有很多好用的APP，可以用來規劃每天行程，連交通時間都會計算出來，做為排定行程的參考。
■ **Step4**：開始排行程—必吃、必玩，是否租車？客製自己的親子行程。
■ **Step5**：整理行李，購買旅行生活用品、換洗衣物與3C用品，準備親子背包。
■ **Step6**：大手牽小手，開心出發親子遊 。

有了基本概念後，緊接著要開始著手安排行程囉！首先要先買好機票及訂好房間再開始安排行程比較妥當，以免發生行程安排好了卻訂不到房的尷尬。另外，可以購買旅行社的機+酒方案，除了很省事，有時也可以撿到好康！

◀ 大手牽小手

親子樂遊省錢攻略

　　全家大小拎出門，機票、住宿、當地交通以及吃喝玩樂，都需要消費，如何精打細算，把錢花在刀口上，讓每一趟親子遊玩都能盡興、物超所值，當然要花一點心思。姑且把我的一年出國2次旅遊的經驗，以爸媽規劃旅遊的主客觀因素，整理小撇步給各位爸媽參考：

➕ 主觀因素

❶ 提早規劃

　　有時候快放連假時，才想到可以安排一趟出國旅遊，但此時上網看機票及住宿不是賣完了就是太貴，這往往都是因為太晚規劃旅遊計畫！想花少一點錢的旅行，特別是親子遊是不適合臨時起意。

　　一趟旅遊不是只有行李箱打包就好，還需要配合外在的客觀因素（旅遊淡旺季等），如果不以經濟為考量，當然自由度就大許多，訂機票及住宿點就能出門！不過，如果可以把提早規劃而省下來的錢，在旅途中吃好買滿，不是更有旅遊的價值與樂趣嗎？

❷ 勤作功課

出國前一定要好好在網路爬文：哪裡好吃、哪裡好買以及何時有優惠，如果想血拼購物，就更要掌握折扣季。例如：日本1月開始就有冬季折扣，1月底則是打到骨折；夏季折扣是7月底～8月初。日本打折都很實在，絕對買得到物美價廉的高品質物品，在打折期間購買孩子的用品，可以幫爸媽的荷包省下一大筆錢！

當地的交通票券，也須事先做點功課。北海道的交通優惠券可參考JR網站，其中也有一些為季節加開的車次。城市中的一日券及週末券（電車、巴士等），多上網看別人分享的經驗，絕對省下一筆旅遊經費。

❸ 廉價機票(LCC)

飛往北海道的廉價航空有樂桃、酷航、捷星日本以及虎航，廉價航空雖是低成本航空，但與傳統航空一樣非常注重飛安。所謂低成本就是托運行李另外計費、不能隨意挑選座位、沒有機內的娛樂享受及供餐服務等。如果飛機延遲或取消，也不會如傳統航空幫你安排其他的航段座位，不過若能搶到限時特惠的票價，或是早點計畫購買到比傳統航空便宜的票價，一大家子每個人來回省個4000元，就能省下近2萬元，是一筆很可觀的費用呢。有出國計畫之後，就可以鎖定廉價航空的消息，廉價航空機票通常越早訂越便宜！

❹ 不住飯店改住民宿

　　住宿不用非得住星級高檔的飯店，可以考慮有廚房客廳的Airbnb，Airbnb APP集結日本各地的民宿資訊，許多民宿的設備空間和飯店相比也不遜色，而且價格相對便宜，也能貼近當地的生活。

❺ 附冰箱、微波爐或廚房的住宿

　　雖說有些人不喜歡在度假時下廚，但有些人不介意在住宿時做早餐。自己沖泡咖啡，煮食早餐可以省下早餐費用。在當地超市或農夫市集採買在地食材，利用微波爐、冰箱和廚房解決全家的一餐，使用在地的食材來料理，也是另一種收穫及體驗。

❻ 蒐集折價券／優惠訊息

　　搭機抵達北海道，出境前可以在機場的遊客服務中心，索取一些折價券及旅遊資訊，這種裝冊的旅遊小本本，通常都是觀光文化機構與當地商家等爭取到的優惠，可以讓你在吃東西、買東西時能省下不小的一筆喔！尤其是百貨公司的特別折扣券，記得在機場索取喔。

　　有些旅遊當地的購買票券優惠，也會在附近餐廳的櫃台供消費者自行索取，現在很多旅遊景點及博物館的官方網站，有會提供QR CODE 或

優惠券下載的訊息，出國前不妨逛逛官網，除了了解旅遊資訊也可意外省錢。

❼ 列出預算較能精打細算

列出預算是一個不讓自己亂花錢的好方法，知道什麼要節省，什麼才要花錢。例如：外出自備水和零食，不在觀光景點買水及吃飯，零食能暫時裹腹，離開景點多走幾條街就有便宜餐館，也可以購買超市熟食、便當和便利商店微波食品等，也是能吃得飽又划算。

✚ 客觀因素

出國旅遊的時間點很重要，爸媽想帶小小孩去想看櫻花、雪祭，其他觀光客也會在花季及雪祭期間出遊，此時機票住宿一定非常熱門而供不應求，票價及房價自然水漲船高。有時有祭典、大型商展或演唱會也會一房難求，價格自然就高。要性價比高，客觀的環境因素可以用下列考量來安排：

❶ 淡季出遊

在淡季出發通常可以訂到比較便宜的機票和房間，選擇性也多，不用跟一堆人擠。到達旅遊景點也不會遇到滿坑滿谷的人潮，不會因為擁擠而讓旅遊品質打折扣。

❷ 換外幣比較匯率

日幣的兌換匯率有時如洗三溫暖，如果有計畫或常去日本旅遊，可以在匯率較低時陸續兌換，或者有好用的現金回饋信用卡，可以考慮刷卡代替付現金。不過身上還是要帶現金，以免小店沒有刷卡機制。現金還是萬能，如果常去日本旅遊，出發前先研究好匯率也可省下不少錢，可以趁匯率好的時候，分段部分換日圓，這樣累積下來，平均匯率攤下來，也是不錯的省錢妙方。

❸ 參加不用花錢或省錢的活動

決定要出國前先做好功課，每個國家總會有些節日活動或是慶典，時間可以配合就能不用花錢，欣賞到異國風俗的表演，在居住的城市查一下是否有相關的活動。另外，有一些旅遊景點在特定時段有優惠，例如：下午晚一點進場就會有比較便宜的星光門票，有些地方也有壽星的優惠方案。

✚ 親子樂遊省錢攻略比較圖

主觀因素	客觀因素
1. 提早規劃 2. 勤作功課 3. 廉價機票（LCC） 4. 不住飯店改住民宿 5. 找有冰箱、微波爐或廚房的住宿 6. 蒐集折價券/優惠訊息 7. 列出預算較能精打細算	1. 淡季出遊 2. 換外幣比匯率 3. 參加不用花錢或省錢的活動

◀ 找有冰箱、微波爐或廚房的住宿，使用在地的食材來料理，也是另一種收穫及體驗

出國旅遊兩大主要支出

依據自己的出國經驗，每次回來的支出結算，機票及住宿是兩大首要花費。所以，若訂到票價優惠的機票，及早鳥的住宿價格，性價比會提高很多。若帶小小孩，我會建議一般的傳統航空飛機會舒適愉快些，航班若延遲或取消，航空公司會有後續安排。廉價航空就是價格優，舒適度及服務等比不上傳統航空。一般傳統航空及廉價航空飛往北海道的機票，價差會達到4、5千元以上，若孩子是小學以上，也較懂事了，此階段購買廉價航空機票，有形及無形的性價比是會提高的。

旅遊搜尋引擎Skyscanner.com.tw透過數據分析，公布了台灣地區最新「最佳訂票時機」大數據報告，讓規劃出遊的旅客們可以事先調查好旅行目的地最便宜機票的下手時機，省下上千元！以月份來說，11月份為台灣全年平均機票價格最低的月份；7月份則是價格最高的月份。

▲ 長榮航空直飛北海道

北海道機票

1. 常用機場：札幌的新千歲機場，或遠一點的函館機場、旭川機場。
   - 台北直飛北海道的航空公司有：中華航空、長榮航空、酷航、樂桃航空、虎航、星宇航空、捷星日本航空等等。
   - 香港直飛北海道的航空公司有：國泰航空 、香港航空。
   - 香港朋友的直航選擇不多，想要省點錢飛到北海道的話，可以先飛到東京、大阪、北京等地，再轉機到北海道。
2. 可以選擇不同點進出，選擇開口 (open jaw) 機票，不用走回頭路，例如：
   - 在新千歲機場進入北海道，從函館機場離開。
   - 在函館機場進入北海道，從新千歲機場離開。
3. 廉價航空可以選擇合適時間，分別買不同航空的單程機票，例如：
   - 去程飛往北海道：樂桃航空早去班機。
   - 回程飛回甜蜜的家：酷航晚抵班機。

▲ 酷航

✚ 挑選住宿地點

　　訂完機票後，有了初
步的觀光景點活動，幾乎就
可挑選住宿的地點，選擇景
點與景點行李移動的方便性
來訂房，尤其第一天旅遊的
住宿地點，要考慮行李寄放
的方便性，以便下飛機出關
之後，能先前往住宿地點寄
放行李。依據親子遊經驗，
選住宿點請考慮以下兩大原
則：

▶上下舖親子房

1. 找合適的房間而不是找最好房間

　　親子遊，要找適合全家大小的房間，當然最好是有廚房等設施。同
時出國旅遊，待在房間的時間也不多，充其量只是睡覺的地方，所以不
一定要有很好的視野或很大空間。但若是去住溫泉旅館享盡大湖美景，
就要選面湖房間，看煙火、面湖一舉數得。如果還有其他設備，例如：
游泳池或健身房，價格也會相對提高。

2. 住在交通便利的地方

　　如果想住在市中心鬧區，房間小一點可以忍受，但若價格昂貴可就
傷荷包了。基本上找交通便利的地方，例如：地鐵站或公車站附近，這
樣能節省移動時間，也方便搭乘大眾運輸工具，能減少搭乘計程車來省
下很多旅費。再者，有些大城市發售城市旅遊卡，有單日、多日或一週

旅遊卡，可以去多個地方不限上下車次數。Airbnb的家庭房也是可以考慮的，不過交通上要先研究好，因為屬於當地人的住所，所以不一定會在市中心或地鐵步行5分鐘內的路程，有時要轉公車，**訂房時交通抵達方式要看清楚，參考住客評價也很重要。**

▲ 尋找交通便利的住宿

親子旅行天數及行程推薦

　　「北海道真的很大」提醒帶孩子去北海道的爸媽，儘量不要想一次到位玩透道南、道央、道北、道東等四大地區，這樣會變成長距離的舟車勞頓拉車，趕路的旅遊品質也不佳。親子旅遊儘量不要超過7天，我認為7天是親子旅遊最剛好的天數，一是考量孩子離開家的適應度，二是爸媽的體力在被小孩折騰下來的第7天，剛好遞減到不會發脾氣的狀態，可以懷抱著滿滿回憶飛回甜蜜的家！

＋ 行程安排建議

　　旅遊是要輕鬆玩樂，親子遊基本上帶著孩子，不確定因素會增加，唯一較需要擔心的就是孩子的身體狀況，其他都是其次。北海道一來面積太大，二來交通沒像東京都那樣四通八達，把北海道道東想像成台灣台東的交通模式就可以理解了。

　　鐵路、巴士、電車建議先查好班次表，做好功課，可以省下等車的時間。初次去北海道，時間可以安排4～7天。北海道適合慢慢玩，慢遊也是一種旅遊哲學，一次深度玩或者累積多次廣度玩法，自駕或不自駕的選擇，以下整理歸納幾種行程安排，供爸媽們參考：

建議 A 適合北海道自由行的初學者或時間較少(約4～6天)

　　建議集中在設施相對完善的道央地區，以札幌為中心活動，以「道央」為主，安排4至5天在札幌、小樽、定山溪、登別這幾個地方遊玩。

　　若時間充裕一點，有5至6天，可

▲ 小樽運河

以從「道央」向南延伸至函館，或向北延伸至富良野、美瑛、旭川、層雲峽一帶 。

建議 B
適合第2次到北海道自由行
建議北海道自駕遊／7天或更多時間

1、進入北海道最精華的道東、道北和道南區域。
2、道央地區及遊覽網走、阿寒湖、知床、釧路、帶廣等。

建議 C
適合以下旅遊元素，
分別選擇適合的旅遊景點

喜歡的元素	規劃方向
喜歡大自然  美瑛薰衣草田	喜歡大自然的人，就將行程慢慢往【美瑛】、【富良野】甚至【道東五湖】；可以賞花海（富良野、美瑛），瀑布（層雲峽），湖泊（洞爺湖、支笏湖、知床五湖……）大自然景點交通相對較不便，建議租車前往。
喜歡購物  富良野麵包超人專賣店	可以在狸小路及札幌各大百貨公司買個夠，也能安排在【札幌】、【旭川】、【小樽】等地多待幾天。

喜歡溫泉	有【登別】、【洞爺】、【層雲峽】、【定山溪】、【湯之川溫泉】。
喜歡動物  旭山動物園	有【旭川旭山動物園】、【札幌圓山動物園】、【登別尼斯海洋公園】、【洞爺湖】、【昭和新山熊牧場】。
喜歡文化	有【札幌】、【函館】、【小樽】等的古蹟、歷史建築等。
喜歡海鮮  函館海鮮市場	喜歡海鮮美食的人，更可以把【函館】、【釧路】、【網走】等港口都市安排進去。
喜歡藝術  札幌白色戀人觀光工廠	有【札幌】、【函館】、【旭川】的美術館及博物館等。

✚ 從札幌出發的旅遊拼圖

北海道有二個半台灣大，所以不可能一次跑完，試想如果你只有5天時間，會計畫台灣環島兩圈嗎？頂多排個北台灣或南台灣定點遊，或是只在台北旅遊。北海道的旅遊差不多是這個概念，它分為四區：道東、道南、道北、道央。一般的旅行社通常僅安排二區的定點來跑，而旅行團的「必遊」、「必訪」的景點，多是在都市以及交通方便之處，與去其它地區旅遊相同，頂多就是拉車時間長了一點。

第一次去北海道不要太貪心，讓自己可以更從容享受用心規劃的獨特旅程。

道北 - 旭川

道東 - 釧路

道央 - 小樽

北海道親子遊攻略

✈ 3天～5天 札幌近郊精彩遊

札幌絕對是來北海道觀光的必經之地，也是北海道的市中心，第一次來北海道千萬別錯過。札幌的著名景點幾乎都圍繞在札幌車站周邊，像是時計台、大通公園、札幌電視台、北海道廳舊本廳舍等，步行的距離就可以感受札幌的歷史與自然風景。

小樽僅離札幌40分鐘車程，小樽運河、西式建築及玻璃工藝品是必訪行程。玩遍了札幌市區，可繞到著名的溫泉地—洞爺湖及登別泡溫泉、賞美景。在洞爺湖若有時間的話，可搭乘有珠山纜車至山頂，欣賞洞爺湖及昭和新山壯麗的景色。

旅遊地區	道央地區：札幌、小樽、洞爺湖、登別
如何前往	新千歲機場搭乘JR約30分鐘車程即可抵達札幌，從札幌車站搭乘JR約40分鐘車程可抵達小樽，從札幌車站搭乘JR約1～1.5小時抵達洞爺車站及登別車站。
旅遊天數	3～5天
推薦季節	四季皆宜

▲從札幌到登別，搭乘 JR 約 1～1.5 小時車程

◀從札幌到小樽，搭乘 JR 約 40 分鐘車程

78
Chapter 3

✈ 5天～7天 札幌、旭川雙城遊 / 札幌、函館雙城遊

以6天5夜北海道千歲機場進出，下面舉例簡單計畫行程表，有了這初步的規劃，就可以用拼圖的方法，將附近想去的景點拼貼上去，即可完成簡單的行程表。

天數	計畫(1)住宿點	計畫(2)住宿點
第一天	札幌	札幌
第二天	住美瑛	住小樽
第三天	住富良野	住函館
第四天	住旭川	住函館
第五天	住定山溪溫泉	住洞爺湖溫泉
第六天	甜蜜的家	甜蜜的家

1. 計畫(1)及計畫(2)的住宿點，全部都可以乾坤大挪移，以因應旺季時住宿地點可能不好預訂時彈性調整。
2. 計畫(2)則是移動距離較大的安排，設計時要留意火車時刻表，以便銜接時不會浪費太多等車的時間。
3. 對地理位置很有概念的人，更可以妥善利用北海道各車站提供的行程DM，臨時組合出有創意的玩法。

▲定山溪　　　　　　　　　　　　▲定山溪二見吊橋

計畫 1 　**主要在道央地區活動**，夏天花季時這種行程比較多，畢竟主打富良野的薰衣草田和美瑛的花田，幾乎都集中在北海道中心。包括札幌、小樽、旭川、層雲峽、美瑛、富良野、帶廣、十勝川等等。旭川到帶廣開車約3小時左右。

以薰衣草聞名全世界的的富良野、美瑛，有日本最美農村的美名，也是來到道北地區不可錯過的景點。夏季適逢花季，沿路都能看到綠意盎然的田園景色及花草盛開。旭川最著名的即是旭山動物園，冬季才有的企鵝散步是園區一大特色，JR曾推出期間限定的旭山動物園號，特有的彩繪車廂和開放空間，讓人一上車就驚喜連連。

旅遊地區-富良野等美景	道北地區：富良野、美瑛、旭川
如何前往	從札幌車站搭乘JR約1.5小時車程可抵達旭川，從旭川車站可直接搭乘JR富良野線至富良野、美瑛約30分鐘車程。
旅遊天數	建議旅遊天數：2天
推薦季節	富良野、美瑛：夏季(7～8月)，可欣賞薰衣草與富良野花季；旭川：冬季可欣賞旭山動物園特有的企鵝散步遊行。

▲道北：中富良野的富田農場

▲吸引電視台拍攝的富田農場

▲ 美瑛拼布之路

▲道北：旭川旭山動物園

▲旭山動物園可愛動物園區洗手區

計畫
2

這是最常見的「道央+道南」，只玩北海道的左下角，從新千歲機場進出往下走到左下的函館，景點包括第一大城札幌、小樽、登別、洞爺湖、函館。（考慮到拉車時間問題，飛機來回就從札幌進函館出。）

　　函館是道南重點的觀光中心，以函館山的百萬夜景聞名世界，同時在市區還保留特有的市電，到函館各大景點都很方便。沿途也有相當多具特色的西式建築，像是金森紅磚倉庫群、元町教堂群、舊函館區公會堂等。距離函館約半小時車程的大沼國定公園，為活火山爆發所生成的大小湖泊，湖上有相當多小島，一年四季景色相當壯麗，是日本必遊的新三景之一。函館有號稱必看的「函館百萬夜景」，所以通常一定會排進行程裡，但札幌到函館坐最快的JR也要3.5小時。

旅遊地區-函館	道南地區：函館、大沼國定公園
如何前往	如何前往：搭乘JR函館線從札幌車站出發，在函館車站或大沼國定公園車站下車即可，乘車時間約3至3.5小時，亦有高速巴士可搭乘（至函館約5.5小時）。
旅遊天數	2天
推薦季節	冬季（12月），在函館有聖誕燈節，金森倉庫群旁不定期有煙火；夏季（7-9月）：大沼國定公園，景色綠意盎然，還可划船、釣魚、騎腳踏車環湖。

▲札幌到函館搭乘 JR 約 3 至 3.5 小時

▲ JR 大沼公園站

✈ 7 天～ 10 天　玩遍半個北海道

　　時間多一點，7～10天推薦考慮上述的**計畫①**加上**計畫②**再加上**計畫③**這樣玩，可以繞半圈北海道。飛機進出建議以旭川進函館出的方式，例如：當天從旭川出發 → 美瑛‧四季彩之丘(觀光巴士導覽) → 坐夜間巴士到知床半島‧知床五湖導覽+觀光船 → 網走‧鄂霍次克流冰館 → 釧路‧阿寒巴士（阿寒湖、摩周湖、屈斜路湖、硫磺山） → 札幌 → 函館機場回台灣。如果不自駕的爸媽，務必要利用北海道JR PASS券，有5日、7日券，以及其他特定區域鐵路周遊券，到每個定點可以選擇搭乘觀光巴士，既省時又方便。

計畫 3　**道東的地點較偏遠**，搭JR無法直接抵達景點，交通相當不便，一般自由行較少排到這區。但若想深度旅行北海道，道東壯麗的自然風景絕對不能錯過！釧路是道東地區最大的城市，連結網走及知床；因浮冰而出名的網走，可搭乘冬季限定的破冰船，而知床有北海道唯一的世界自然遺址。知床五湖是最主要的觀光景點，務必留意道東的JR火車及巴士的班次不多，點和點之間的接駁要事前規劃好。

旅遊地區-冬季限定的網走流冰破冰船	道東地區：釧路、網走、知床
如何前往	從札幌車站搭乘JR火車約4.5小時車程可抵達釧路，從釧路車站搭乘JR到網走車站約3.5小時，從網走車站搭乘JR到知床斜里車站約1小時。
旅遊天數	3天
推薦季節	冬季（2月），可搭乘流冰破冰船

▲釧路鶴見台

北海道當地人的貼心提醒：

　　整理一些北海道當地人對旅客的提醒，讓爸媽有一些旅遊的
基本概念，再來規劃屬於自己的親子旅遊。

❶ 幅員廣大，先掌握距離感（KM）

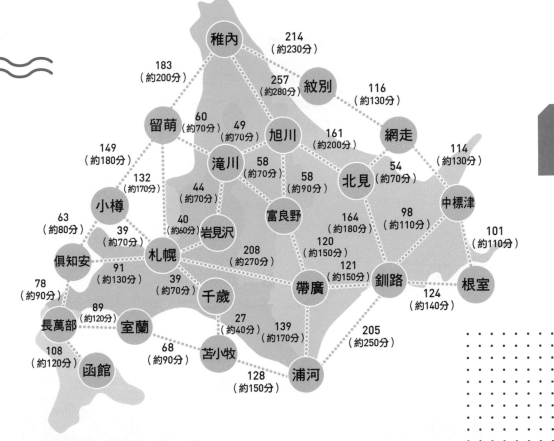

稚內 214（約230分）
紋別 183（約200分）
257（約280分）
網走 116（約130分）
留萌 60（約70分）
旭川 49（約70分）
161（約200分）
149（約180分）
滝川 58（約70分）
北見 54（約70分）
114（約130分）
132（約170分）
58（約90分）
中標津
小樽 44（約70分）
富良野
101（約110分）
63（約80分）
40（約60分）岩見沢
164（約180分）
98（約110分）
俱知安 39（約70分）
札幌
208（約270分）
120（約150分）
78（約90分）
91（約130分）
121（約150分）
釧路
根室
39（約70分）
帶廣
124（約140分）
89（約120分）
千歲
室蘭
27（約40分）
139（約170分）
205（約250分）
長萬部
68（約90分）
苫小牧
108（約120分）
函館
128（約150分）
浦河

❷ 出發前再確認氣候交通消息

　　北海道緯度高，寒冷天氣也影響交通出發時間及順暢度，出發前請務必仔細地確認當地氣候。冬天大風雪時積雪有時會超過一層樓高，夏天也會出現攝氏35度的高溫，所以冬天禦寒、夏天預防中暑，都是很重要的旅遊功課。

　　嚴冬時節到北海道旅遊時，請務必在出發前再次確認交通工具的運輸狀態。在冬天因積雪關係停駛或延誤是日常，風雪造成的誤點、停駛停飛、道路封閉，在北海道並不算意外的情況。當然也不是每天都會碰到大風雪，隨時注意氣象預報，如果看到預報說隔天氣候差，估算交

通接駁時間最好抓鬆一點，也要有備案。如果遇到臨時停駛，如何因應（例如以計畫B取代），特別是要搭飛機的前兩天更要注意航班訊息。

❸ 面對美食誘惑，小心體重失控

北海道的美食相對於日本其他地區價格較為親民、分量海派。鹹甜酸辣，想得到及想不到的美食應有盡有，大啖美食之餘，小心體重暴增。不過，旅遊減肥這回事就先忘記吧，衣服要準備寬鬆一點的、皮帶扣也要有多放一格的準備！

▲美食當前暫不忌口！

▲哈密瓜就可以搞出那麼多花樣！

❹ 誰說北海道一定要自駕

日本跟台灣駕駛方向不同，如果有把握適應北海道的左駕交通規則，那在北海道租車是不算貴的，也可以增加旅行的自由度及方便性。特別是帶著小朋友或是人數多的時候，想開就開、想停就停，也省下接駁及等候巴士的時間，不需走太多路消耗體力。不過，搭乘大眾交通工具或參加當地觀光巴士可以避免開錯路的緊張感，想要輕鬆享受旅途風光的朋友，只要事先計劃，配合好巴士時刻，單靠公共交通也很方便順暢。北海道地區有許多他國語言導覽或中文導遊的當地觀光巴士、當地小型旅行團(如：KLOOK、KKday等當地體驗團)，有當天來回或2～3日包吃包宿的旅行團，就算不自駕也不需要傷腦筋，都能輕鬆慢遊。

❺ 冬季旅遊不建議自駕

當地人非常不建議外來旅客在冬季自駕，雖說冬季租車公司也會改裝雪胎以增加安全性，若雪地積雪沒有太厚倒還好，但一些主要幹道，

▲挑選適合的車款自駕旅遊

▲旭川機場巴士

因為車輛往來頻繁，容易因為溼滑而打滑。有時站在札幌車站前的馬路口，都會聽到車子打滑剎車時的刺耳聲音，當地人對於這種打滑的駕駛方式，都習以為常了。但身處亞熱帶及習慣右駕的我們，出門旅遊安全為首要，所以冬天自駕旅遊還是要考慮一下。即便是走在路上，過馬路時也要提高警覺，觀察四周會不會有打滑失控的車子迎來，請務必隨時注意交通安全。

　　北海道地區在暴風雪或低氣壓之日，容易發生「地吹雪」現象，就是強風把地上的積雪吹起來以致看不清前方視線，是造成冬季許多交通事故的原因。另外也有因風雪造成車子故障而凍傷的新聞，雖然車子故

障機率小，但人生地不熟，再加上路上人煙稀少，想要冬季租車旅遊最好要多方考慮。不需要在不熟悉的國外、雪地冒險租車旅遊，冬季到北海道旅遊，可以選擇搭乘大眾交通工具、巴士或包車等其他方式，再次提醒出門旅遊安全第一的最高守則。

❻ 注意野生動物出沒

　　北海道大自然生態豐富，無論是國家公園、高山湖泊或是原始森林區域，都是行程中必訪之處。北海道保護自然環境不遺餘力，野生動物活躍，體積比其他地方都來的大，自駕時若看到路邊有「熊出沒注意」、「動物注意」的道路標誌，請務必小心駕駛。倘若要進入山區或是原始林區的話，更是建議要找當地有受過訓練的專業導遊當嚮導，以免因不熟悉或粗心而發生任何意外。

▲熊出沒　　　　　　　　　　　　▲小心突然跳出來的羊咩咩

CHAPTER 4

JR PASS 7日周遊券
輕鬆玩

去北海道若想跑遠一點,去觀光客少一點的地方,那就必需要拉車,交通工具的班次也很少。但若做好事前規劃一樣可以玩透透、玩到滿、玩到好。若是第一次初訪北海道的爸媽,可以參考本書的玩法,先做好功課、查好時刻表,先攻「必遊」、「必訪」景點,就是一場非常豐富的親子旅行。就從這本書開始,大手牽小手,照醬子輕鬆玩樂北海道每個精彩角落。

　　這次我的11天10夜偏重在道央、道北、道南的北海道親子遊,以購買北海道JR周遊7日券為主軸,前7日搭JR輕鬆移動。7日JR周遊券用好用滿之後,再主攻北海道第一大城市札幌,樂遊札幌並宴饗夏日盛大祭典——索朗祭。這11天下來,孩子與我創造出滿意也滿溢的親子回憶,這是金錢也買不到的價值,謝謝自己這樣認真地帶著孩子不靠自駕,也能在北海道無侷限的趴趴走!

▲ 函館到札幌的 JR 北斗七星號

北海道鐵路周遊券介紹

　　疫情三年過後的JR北海道鐵路周遊券價格及使用日數調整了！目前發行的「北海道鐵路周遊券」（Hokkaido Rail Pass，以下統稱北海道JR Pass），不再分為3天、5天、7天，以及在10天內任選4天使用等4種。而是從旅客自行指定的使用日期生效，可連續使用5天或7天。日本國內普通車版本的5日券價格為20,000日圓、7日券為26,000日圓（兒童皆為半價）。若在赴日前透過日本國外旅行社購票或購買電子兌換證（QR碼），價格會有點折扣。在抵達北海道後，於指定售票處，使用兌換證兌換成實體鐵路周遊券即可。換句話說，如果連續5天內搭乘JR北海道列車的車資，會超過20,000日圓，那麼買一張可連續使用5天的周遊券就非常划算。

　　到底要買幾天PASS，在排行程時及出發前請根據旅遊天數仔細思考，是要連續5天？還是要買7天的周遊券？你可以把想去的景點先通通集中排好，當你用正常票價算出交通費，很快就明白你應該購買幾天的JR PASS了！

　　擁有JR PASS可在期限內搭乘全JR北海道範圍的各級列車（但新幹線除外），與札幌市區的JR北海道巴士。若搭特急列車的指定席，也不需另外收費。對於自助行的遊客來說，JR PASS是很好用的票券。

　　JR北海道另推出一項福利，憑券向JR北海道租汽車最高可享7折優惠（不含保險與免責賠償費用等）。租還車的站點有20多處，分佈於六大區域，同區內甲地租乙地還免收回送費用。提醒大家，租車服務請先預約，且起租日當天必須是Pass的有效日。

▲ JR PASS

如何購買北海道JR 7日周遊券

✚ 比較票價後就知道超級划算

　　用Hokkaido Rail Pass可以在指定期間內自由搭乘JR北海道線（北海道新幹線除外）的所有列車和部分JR巴士路線。免去旅行過程中每次乘車前買票的手續，更不用擔心語言溝通問題。日本交通費原本就不便宜，再加上北海道的幅員比台灣大兩、三倍，若要安排大範圍移動，買Pass肯定還是比較划算的。

　　買不買套票，當然要是以你的行程安排為主，若已經有行程就初步計算搭乘JR交通的總價會不會比購買套券划算。如何計算每段的票價呢？千萬不要為了買套票，追求極大值，而任意移動，規劃完善的旅遊才是最有價值的！

STEP 1 我的習慣是使用 https://www.jorudan.co.jp/

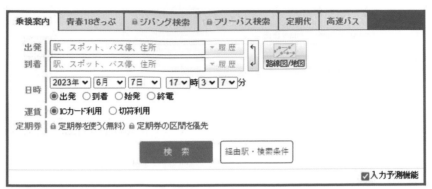

STEP 2 輸入出發地及到着地、日時、希望出發或到達的時間

STEP 3

檢索結果如下，札幌到旭川，特急自由席 2860 日圓，若要指定席則再加上 2360 日圓，所以交通費就是：2860+2360=5220 日圓

STEP 4

要查詢其他時間可以按一本前或一本後的班次，也可以直接用時間變更 5 分前、10 分前、30 分前、60 分前或 5 分後、10 分後、30 分後、60 分後等時間條件搜尋。

■札幌 から 旭川　　　　　　　　　　　　　　　　　　　復路を検索する

2024/02/06(火) 09:00　　　　　　　　　　　　　　　全印刷について 条件変更

始発 <60分前> <30分前> <10分前> <5分前>　　　5分後> 10分後> 30分後> 60分後> 終電

経路1　10:00発 → 11:25着　　　　　　1時間25分　　　乗換 0回　　5,220円　　特

経路1 早 楽　　　　　　　　　　　定期代 < 一本前 前後行き方 一本後 >

10:00発 → 11:25着　総額 5,220円
所要時間 1時間25分　乗車時間 1時間25分　乗換 0回　距離 136.8km
⚑Myルート ⚑Myポイント　　　　　　　印刷 テキスト Googleカレンダー Yahooカレンダー

経路	乗車位置	運賃	指定席/料金	距離
○ 札幌	[当駅始発] 8番線発		時刻表 構内図 路線図 地図 スポット クーポン グルメ	
10:00-11:25 85分　🚋特 ライラック11号(旭川行) 前後列車		2,860円	⊟指定席 2,360円	136.8km
○ 旭川			路線図 地図 スポット クーポン グルメ	

便利な機能使ってみませんか？乗換案内PREMIUM Amazonで販売中！　　　条件変更

STEP 5 要改變搜尋條件則用條件變更，雙箭頭表示互換出發地及到着地，記得時日及出發或到着時間要修改。

| 乗換案内 | 青春18きっぷ | 🔒ジパング検索 | 🔒フリーパス検索 | 定期代 | 高速バス |

| 出発地 | 旭川 | ▼履歴 | ↕ |
| 到着地 | 札幌 | ▼履歴 | |

路線図/地図　列車名/便名

経由駅　➕経由駅を指定する

日時　2024年▼ 2月▼ 7日▼ 17▼時 0▼ 0▼分
　　　◉出発 ○到着 ○始発 ○終電
　　　☐出来るだけ遅く出発する

運賃　◉ICカード利用 ○切符利用

定期券　🔒定期券を使う（無料）🔒定期券の区間を優先

条件
　飛行機　おまかせ▼
　高速バス　おまかせ▼
　有料特急　おまかせ▼
　※「使わない」は、空路/高速空港連絡バス/航路も利用しません。
　☐車・タクシーを検索する
　☐自転車（シェアサイクル）を検索する
　🔒往復割引を利用する
　🔒雨天・混雑を考慮する
　検索結果の表示順　おすすめ順▼
　座席　おまかせ▼
　優先列車　のぞみ優先▼
　乗換時間　標準▼

検　索

☒履歴削除　☑入力予測機能

▌旭川 から 札幌　　　　　　　　　　　　　　[復路を検索する]

2024/02/07(水) 17:00 出発　　　　　　　　全印刷について 条件変更

始発 <60分前 <30分前 <10分前 <5分前　　　5分後> 10分後> 30分後> 60分後> 終電

[おすすめ順] 到着が早い順 所要時間順 乗換回数順 安い順

経路1	17:00発 → 18:25着	1時間25分	乗換 0回	5,220円	特
経路2	(17:14)発 → (19:51)着	2時間37分	乗換 0回	2,300円	歩 高
経路3	17:37発 → 20:23着	2時間46分	乗換 1回	2,860円	JR

| 経路 1 | 早 楽 | | 定期代 | < 一本前 | 前後行き方 | 一本後 > |

17:00発 → 18:25着　　総額 5,220円
所要時間 1時間25分　乗車時間 **1時間25分**　乗換 0回　距離 136.8km
🔒Myルート 🔒Myポイント　　　　　　印刷 テキスト Googleカレンダー Yahooカレンダー

経路			乗車位置	運賃	指定席/料金	距離
	○ **旭川**		[当駅始発]		時刻表 路線図 地図	
					スポット クーポン グルメ	
17:00-18:25 85分	🚃 特 ライラック36号(札幌行)	前後列車		2,860円	🔒指定席 2,360円	136.8km
	○ **札幌**		4番線着		構内図 路線図 地図	
					スポット クーポン グルメ	

便利な機能使ってみませんか？乗換案内PREMIUM Amazonで販売中！　　🔒違う便を比較検索 条件変更

Chapter 4

誰能購買北海道鐵路周遊券？

根據日本入國管理法規定，取得「短期滯在」入境身份者，可以在日本滯留15天或90天進行旅遊觀光。當入境日本時，若你符合觀光滯留條件，入境處的工作人員將會在你的護照上蓋上「短期滯在」的印章／貼紙。只有護照上蓋有此印章／貼紙的人，才能使用北海道鐵路周遊券。

北海道鐵路周遊券只限持「短期滯在」資格入境，持非日本國護照的訪日外籍旅客才可使用。在日本國內指定車站兌換或購買時，需出示蓋有「短期滯在」的印章/貼紙的護照。

▲「短期滯在」的印章

如何購買北海道周遊券？

用以上方法計算交通費，若划算就依據你的移動方式，購買分為5日券和7日券的北海道周遊券：

種類	5日用		7日用	
	成人	兒童（6-11歲）	成人	兒童（6-11歲）
赴日前購票	19,000日圓	9,500日圓	25,000日圓	12,500日圓
日本國內購票*	20,000日圓	10,000日圓	26,000日圓	13,000日圓

*上網（JR東日本網路訂票系統）購票時，票價為日本國內購票價格

▲ 票價以 JR 北海道旅客鐵路公司—鐵路周遊券網站 (https://www.jrhokkaido.co.jp/global/chinese/ticket/railpass/index.html) 查詢結果為準

✚ 在國內買會比在日本當地買省下約 1000 日圓的票價

決定好北海道JR PASS的票種後，可以跟旅行社、KLOOK或KKDAY等處購買，價格會優於JR官網價格。購買時選擇的日期，是「希望郵寄送達日期」或者「可前往指定地點領取日期」，自行選擇要直接郵寄到台灣指定地址或到機場取件。請注意這是兌換券，而且要預留購買的時間，之前我以為可以在桃園機場24小時服務櫃台購買並取件，殊不知也必須提前2日前下訂。拿到兌換券或在臺灣收到紙本的兌換券，在抵達新千歲空港時，只要到JR旅客服務櫃檯即可換票或可使用指定席售票機自己劃位，領取指定席車票哦！劃位是不需要再另外付費的，但有可能會遇到指定席是額滿的狀況，就必須搭乘自由座。

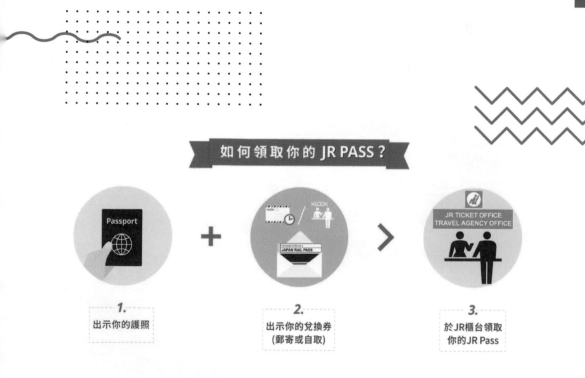

▲ 圖片取自 KLOOK 網站
https://www.klook.com/zh-TW/activity/3067-7-day-jr-hokkaido-rail-pass-jr-pass/

✚ 在當地購買北海道周遊券

　　既然都需要跑一趟北海道，也可以在入境日本後，直接至各JR外籍旅客中心銷售點，於營業時間內購買「北海道鐵路周遊券」。購買時需要準備蓋了90天短期逗留滯在上陸許可的護照，出示護照購買。北海道的銷售地點有：新千歲機場站、札幌站、函館站、登別站、旭川站（JR旅行中心）、帶廣站（JR旅行中心）、釧路站（JR旅行中心）、網走站、新函館北斗站等。

　　JR北海道鐵路周遊券（Hokkaido Rail Pass），很適合用來玩整個北海道（包含道東、道北、道央、道南），可以省下不少交通費，JR Pass北海道鐵路周遊券，是在北海道不自駕、自由行時最好用的交通票券。

▲ 旭川車站 JR 售票窗口

7日周遊券用好用滿行程推薦

　　按我當時的7日旅遊行程以目前票價試算結果，一樣的行程加上指定對號座，購買JR PASS 7券非常物超所值！

A. 未購買JR PASS 7日券，搭乘交通費(未含指定席)= **¥24,170(自由座)**

B. 未購買JR PASS 7日券，搭乘交通費+指定席券料金= **¥38,560(對號座)**

C. 購買JR PASS 7日券，普通車廂+免費劃位指定席= **¥26,000**，且可在使用期間無限搭乘北海道鐵路。

5/30~6/5	起訖車站	出發時間	抵達時間	所要時間(分)	交通票價(日圓)	+指定席券	距離KM	車種
Day1-1	新千 空港 → 札幌	09:15	09:52	37	¥1,150		46.6	快速エアポート91 (小樽行)
Day1-2	札幌巴士總站 →藻岩山來回	18:02	18:39	37	¥210			
Day1-2	藻岩山 →札幌巴士總站	20:55	21:31	36	¥210			
Day2-1	札幌→小樽	08:15	09:55	45	¥750		33.8	區間快速
Day2-1	小樽→札幌	17:15	17:32	32	¥750		33.8	快速エアポート174 (新千歲空港行)
Day3-1	札幌→旭川	10:00	11:25	85	¥2,860	¥2,360	136.8	ライラック11 (旭川行)
Day3-2	旭川 →櫻岡	12:04	12:27	23	¥340		13.9	石北本線(上川行)
Day3-2	櫻岡 → 旭川	15:00	15:20	20	¥340		13.9	石北本線(旭川行)
Day4-1	旭川 → 美瑛	12:30	13:02	32	¥640		23.8	富良野線(美瑛行)
Day4-1	美瑛 → 旭川	16:28	17:01	33	¥640		23.8	富良野線(旭川行)

5/30~6/5	起訖車站	出發時間	抵達時間	所要時間(分)	交通票價(日圓)	+指定席券	距離KM	車種
Day4-2	旭川 → 札幌	17:00	18:25	85	¥2,860	¥2,360	136.8	ライラック36號(札幌行)
Day5-1	札幌 → 登別	08:43	09:57	74	¥2,420	¥2,360	111.7	北斗6號(函館行)
Day5-2	登別 → 洞爺	15:55	16:33	38	¥1,290	¥1,150	53.2	北斗16號(函館行)
Day6-1	洞爺 → 大沼公園	10:39	12:08	85	¥2,860	¥2,360	125.8	北斗6號(函館行)
Day6-2	大沼公園 → 函館	15:43	16:08	25	¥640	¥640	28	北斗12號(函館行)
Day7	函館 → 札幌	16:40	20:35	235	¥6,210	¥3,170	318.7	北斗17號(札幌行)
JR 七日周遊券(26000日圓)	旅程			922	¥24,170	¥14,390	1100.6	

抵達北海道

　　抵達後第一件事當然是找JR遊客服務中心，購買北海道JR PASS 7日周遊券，也就是說前7日不自駕的移動，都得依靠JR及大眾運輸工具，而北海道交通費用與東京相比並不算便宜，如果有規劃行程，就可以購買專屬外國旅客的JR周遊券好好運用。

　　出海關之後往B1的JR車站走去，找到綠色JR窗口，在專門販賣周遊券的窗口前等候，此時聽到自己熟悉的中文，因為這裡有會說中文的服務員。不過輪到我們的時候，是另一個說英文的窗口，大致表達要買7日券後，服務員非常細心詢問我們的行程，想幫我們計算看看旅遊行程購買7日券是否划算，這時偷瞄到隔壁窗口會說中文的服務員剛好有空，於是我就詢問是否可以更換去跟中文的服務員購買，此時，中文服務員說當然沒問題，我們就移到她的窗口。

　　基本上，他們的服務流程是：

　　1.先了解你要買幾日券？

2.會依照你的行程幫你計算交通費，再建議是否需要購買周遊券或購滿幾日的周遊券？

　　中文服務員看我第一天只從新千歲空港到札幌(單程1070日圓)，建議我是否要購買7日券，不過我跟她討論行程之後，因為之後6天都在移動中，所以7日券是划算的。購買好北海道JR PASS 7日周遊券之後，服務員隨即就幫我開每隔15分鐘一班，從新千歲空港開到札幌的指定券，若平日上班時間是一位難求，有行李會不方便，若有周遊券可以順道一起請服務員劃好指定席位置。

　　若沒買周遊券，建議可以考慮新千歲空港到札幌的回數券，這是以4張為一套的回數券，若是雙人去北海道，回數券4枚一起買剛好去程及返程新千歲空港用完，不無小補，人數越多省越大。2人或4人的旅遊，偶數人數旅行的話，一次就能用完，而且回數券沒有使用期限，小資家庭能節省多少是多少，購買方式可前往JR自動售票機，語言選擇中文繁體，然後在螢幕上片道是指單程，點選回數券的按鍵即可。

　　另一個好消息是，在東京使用的Suica、PASMO，和ICOCA、manaca等的IC卡在北海道JR或有IC卡標誌的地方可以用喔！若不想花大腦，就帶一張IC卡去儲值，上下地鐵、巴士記得刷卡就好，省下很多購買車票的時間。

▲ 指定席券可放座位處方便驗票

▲ 在北海道可以帶一張IC卡去儲值，上下地鐵、巴士記得刷卡

DAY 1 使用「JR PASS 7 日周遊券」第 1 天

第1天抵達北海道後，在機場的JR國外旅客服務中心，完成JR PASS 周遊券的購買，就準備搭乘JR快速Airport號前往札幌，摩拳擦掌準備開始我們的北海道11天10夜親子行程。

出發地	目的地	活動
樂桃航空	新千歲機場	買JR PASS 7日周遊券
新千歲機場	札幌駅	飯店寄放行李/CHECK IN
札幌駅北口	雪印	北海道牛乳嚐鮮
札幌	紅磚露台 Akarenga Terrace	在地推薦-紅磚露台
札幌	北海道廳舊廳本社	巴洛克式歷史建築
札幌	大通公園	大通公園都市綠洲
札幌	狸小路	百元店購物
札幌	札幌市區觀光	時計台-國之有形文化財等
札幌	二條市場	晚餐
札幌	藻岩山	日本新三大夜景
札幌	宿:札幌	晚安

✚ 搭乘 JR 快速 Airport 號 (單程 37 分鐘) 進入札幌市區

　　新千歲空港—札幌的JR快速Airport號，大約每15分鐘一班，北海道交通標示都很清楚，不用擔心，頂多上車前核對一下班車號碼，或問列車長再次確認。該班列車哪些車廂是指定席及自由座會很清楚掛上牌子。

▲ 螢幕上的班次時刻，對應的月台數字去月台等候

▲ 新千歲空港 - 札幌的 JR 快速 Airport 號

◀ 螢幕顯示哪些車廂是指定席及自由座

來到札幌的旅客通常第一站都會先抵達「JR札幌站」，接著就可以選擇要轉乘札幌地鐵或徒步進入市中心，前往下榻飯店。JR札幌站與地鐵的「南北線」和「東豐線」連結，沿著「南北線」方向可以一路走到札幌地鐵最大的「大通」轉運站。

▲ JR 札幌站

抵達札幌後，第一件要面對的事就是找下榻飯店。若是住JR札幌車站附近，就要先研究一下，是要往南口還是北口，往大通公園方向是南口，往北海道大學方向是北口。若是要到札幌地鐵站，則往南口方向的手扶電梯下去，有東西及南北線的匯合要道，照指標走向地鐵閘口即可搭乘，提醒大家JR PASS是不能搭地鐵的喔，請拿出你們的IC卡或買票進入地鐵。

▲ 往北海道大學方向是北口

地鐵「札幌」站，為了要和JR札幌站做區隔，因此標記為平假名「さっぽろ」。如果是從JR札幌出站後，沿著地下街步行約5分鐘即可到地鐵札幌站。反之，如果是從地鐵札幌出站，往2號出口走就是JR車站，往反方向11號出口則是チカホ

▲ 下榻飯店

（Chikaho）札幌站前大道地下步行街。

找路，對我來說一直都是困難的！還好現在有Google Map定位功能，可以引領前往大致的方向，不過帶孩子出門，我都會先做好功課，知道自己從新千歲空港出來後，要在哪個出口出站，或下載飯店地圖，先確定好方向掌控，當然問路也是可行的！

抵達下榻飯店CHECK IN及寄放行李之後，就可以展開第一天的行程了。

✚ JR 札幌車站內旅客服務中心

為什麼要提及旅客服務中心呢？我發現旅客中心的服務員提供的資訊，有時不見得跟我們事前功課的資訊是一樣的。舉例，我以為JR PASS在有效期間內搭札幌北海道JR巴士是免費，不過接待我的中文服務員跟我說：沒有免費，還是要車資！但後來服務員也不放心，問了旁邊的日本服務員，就改口說可以使用JR PASS免費搭乘札幌北海道JR巴士！

另外，JR周遊券綠色窗口可以接受原來指定席的票券更換，以一次為限。但實際上，幫我開指定席的服務員用很誇張的肢體語言跟我說：沒…有…限…制…(No Limit)，實務上，我把原本開出的指定券更換2次以上。不過，這裡要提醒爸媽，前提是你們手上是已經有開出的指定券，例如：持原來已開出的洞爺到函館的指定席，拿到JR綠色窗口更換

洞爺到大沼公園以及大沼公園到函館的指定席，這樣是可以的。

　　做的功課是得知在登別的遊客中心可以寄物，實務上，服務小姐跟我說：車站的寄物櫃比在旅客服務中心寄物便宜。所以事前的功課是讓我們有基本概念，到了現場再次確認及隨機應變了。

　　各地的旅客服務中心(觀光案內所)，都有許多當地最新的資料、活動消息以及優惠券，例如：藻岩山往返交通的時刻表訊息、函館山的觀光巴士的行駛……等等，畢竟我們旅行前做的功課是歷史資料，當地的相關訊息卻是不斷更新的。例如：北海道的夏季是從哪一天起算，都關乎於我們對照的時刻表、接駁交通的關鍵。所以，各地的旅客服務中心確實是我們觀光客的好朋友，到一個新的城市與地方，先找到旅客服務中心，跟服務員們打個照面再出發吧！

✚ 探究札幌街道的東南西北

　　剛下飛機的第一天來到札幌，當然要先探訪大通公園。

　　從JR車站往南口方向走約10分鐘，平行方向就會看到大通公園。大通公園是穿越札幌南北的市內綠洲公園；大通公園是從通1命名到通13，數字越小離JR札幌車站越近，大通公園著名的電視塔是位於通1及通2間，通13的尾端建築物就是札幌資料館。

　　大通公園把「東」及「西」給分開，所以當你看到札幌市中央南2條東1丁目的住址，大約方向就是大通公園通13開始的東邊方向。

▶ 大通公園有名的玉米攤位

▲ 旅行遇上這樣好天氣真是太幸運了

▲ 大通公園的電視塔

　　大通公園的通8及通9段間，是最受小朋友歡迎的兒童遊憩場區，大通公園著名的玉米攤位也在這附近。走一趟大通公園，就可以感受到札幌市對都市規劃的用心，大通公園裡有玫瑰花園、噴水池、兒童遊憩區、大草坪、景觀等應有盡有。在日本旅遊最不用擔心的公共設施就是廁所(WC)，請在這盡情放空、讓孩子放電遊玩。大通公園位於札幌，就是空間利用的極致典範，誰說經濟與自然不能共存？只要有心，沒有做不到的事。

　　與大通公園平行的就是狸小路商店街範圍，狸小路是創成川通開始往西，開頭就是二條市場，靠近大通公園的電視塔端(通1)，狸小路從1丁目到7丁目有1公里長的長度，聚集許多大大小小的商店街，由於商店街上面都有棚頂可以遮陽擋雨，下雨天就選擇來這逛逛街也是很好的雨天替代方案。

▲ 大通公園附近地圖

第2天持北海道周遊券前往札幌近郊—小樽，從住宿點JR北口東橫INN 10分鐘內即走到JR札幌車站，準備搭車前往小樽，搭乘JR快速列車約30～40分鐘，是可以輕輕鬆鬆當天從札幌到小樽來回旅遊的觀光景點。

出發地	目的地	活動
札幌→小樽		
札幌駅	小樽駅	車程
小樽	三角市場	在地海鮮品嚐
小樽	舊手宮線鐵道遺址	復古親子照
小樽	RAIL SIDE	小逛玻璃飾品
小樽	運河廣場	小樽觀光案內所
小樽	小樽運河	拍照觀光賞小物
小樽	堺町通商店街	小樽散策
小樽	童話十字路口	小樽音樂盒堂
小樽	出拔小路	觀景台
小樽	北方華爾街	小樽藝術村
小樽	小樽運河遊船	靜賞運河風光
小樽駅	札幌駅	車程
札幌	ESTA百貨公司	購物逛街超市補貨
札幌	宿:札幌	晚安

Chapter 4

搭乘 JR 區間快速車前往小樽

　　距離札幌僅45分鐘車程的小樽，交通非常方便，加上美麗運河、歐風街景、各式美食的號召力，小樽都是北海道名列前茅的熱門景點。小樽主要景點多數集中在車站周邊徒步30分鐘的範圍內，好吃好逛好買，很適合悠閒一日遊的路線。如果時間充裕，也推薦在小樽住一晚，感受小樽運河夜晚寧靜的浪漫魅力。

(一)如何從札幌到小樽

❶JR北海道 ─ JR函館本線

札幌到小樽單程約45分鐘￥750，是多數旅客採用的方式。

▲ 札幌到小樽單程約 45 分鐘

　　❷高速巴士 ─ 高速おたる

　　札幌到小樽單程約60分鐘￥680，來回優惠票價￥1270，時刻表及路線可上中央巴士網站查詢。（詳情以網站查詢為準，網站：http：//www.chuo-bus.co.jp/highway/course/otaru/）

(二)小樽市區交通

　　小樽市區主要景點都集中在車站周邊徒步範圍內，若是懶得走路，或是想去較遠的景點(如天狗山、小樽水族館)，可搭乘小樽散策巴士(お

たる散策バス)，每回票價¥240，一日券¥800，時刻表及路線可上中央巴士網站查詢。（詳情以網站查詢為準，網站：http：//www.chuo-bus.co.jp/main/feature/otaru/）

✛ 關於小樽

　　小樽市（おたるし，Otaru）位在北海道中央區域 (道央)的北邊，小樽因地處海岸，早期靠港繁華榮盛，是北海道數一數二的港都城市。當時為了方便卸貨而建蓋的「小樽運河」與其周邊的石造倉庫，造就今天運河沿岸留下一排紅磚倉庫的歷史建築。當時的小樽從運河將進港來的貨物，送進紅磚倉庫，可以感受到當時讓身為開拓北海道的玄關口的繁榮景象，小樽也成為北海道的金融與經濟中心，有「北方華爾街」之稱，盛名一時，充分感受到大正時代的風情以及北海道歷史的港鎮。

▲ JR 小樽駅

　　隨著時代變遷，小樽運河周邊有留下許多百年以上歷史的古老建築物，散發著懷舊風情。現在的運河有一半的運河長度已被填平為道路，只剩下短短一段運河，就是我們現在看到的觀光景點。而兩旁的紅磚倉庫現已改建為玻璃工藝、餐廳、文創商店，融合日本文化與西洋特色，

同時擁有大正浪漫氣氛以及異國風情，是悠閒散策的好地方。

　　小樽市區內的名勝景點集中在從JR小樽站步行約10分鐘的「小樽運河」周邊。雖然路程不長，不過每個小景點的時間都約莫10多分鐘，另需要逛街拍照、吃喝玩樂，半天的時間會有些趕，就留一天給小樽吧！若帶著小小孩不想走路的話，也有一日遊觀光巴士可以搭。來到小樽，建議好好放慢步調，好好享受這份悠閒。

　　從JR小樽車站徒步往運河約10分鐘，到堺町通則約15分鐘左右，沿途走走停停、悠閒欣賞小樽市街景色！爸媽手推娃娃車，沿途吃吃霜淇淋、甜點、布丁、燒物以及濃郁的北海道牛乳，自由自在、不用趕路。小樽有一種魅力，就是來到了小樽就像是進入時光隧道，所有眼見可及，從歷史建築、小樽運河、堺町街、玻璃店和甜點店，甚至在搭乘小樽觀光運河船時，空氣中都充滿著濃郁的古早風味。

DAY 3 JR PASS

　　今天要從札幌移動到旭川，乘車時間約90分鐘，概念上就是從台北搭乘高鐵到高雄的距離。抵達目的地後，第一件事就是找到住宿的飯店寄放行李。

　　位於北海道中央位置的旭川，是北海道第二大的城市，近年來以旭山動物園及旭川拉麵聞名。旭川駅的附近為最熱鬧的地方，初到旭川時，JR旭川車站附近有知名的AEON百貨公司、飯店、速食店等林立。走在平和通買物公園的大道上，如果不是因為有動物園，會讓人覺得這裡只是個中途休息買東西的地方，不過，旭川的魅力當然不止於此。

▶ JR 旭川車站附近有知名的 AEON 百貨公司

出發地	目的地	活動
札幌→旭川		
札幌駅	旭川駅	車程
旭川駅	櫻岡駅	車程
櫻岡駅	上野農場	私人童話庭園
櫻岡駅	旭川駅	車程
旭川駅	AEON MALL	逛街購物
旭川	常磐公園	歡樂公園
旭川	平和通買物公園	逛街購物
旭川	旭川拉麵	特色拉麵
旭川	宿:旭川	晚安

▼ 冬天時會因積雪,列車會取消或更改時間,搭車前請先確認

✚ 東西南北交通網絡

(一) 札幌車站←→旭川車站：由札幌搭JR鐵路，1小時25分可到達旭
川車站。

(二) 自駕：由札幌開車到旭川，走「道央自動車道／高速公路」下
旭川IC即達，140公里的路程大約2小時的時間。

　　再提醒大家一次， 搭JR是指定席要事先劃位比較保險，免得指定席
客滿或自由席沒位子，既然JR PASS券在手，一定要用到好用到滿。有指
定席座位，就依照月台上指示牌下的車廂位置去候車。

▲ 依照月台上指示牌下的車廂位置去候車

✚ 關於旭川

　　旭川英文為Asahikawa，起源於原住民愛奴族語，傳聞當時愛奴族人
在開拓時期將此地的「忠別川」喻為「有著波浪的河川」，但講久了發
音極其類似「日之川」，最後演繹為「旭川」。旭川位於北海道廣大土
地的中央偏北，是僅次於札幌的北海道第二大城市。

　　值得一提的是，旭川素有拉麵王國的稱號，是與札幌齊名的拉麵之
都！旭川的觀光勝地多不勝枚舉，除了知名花海田園之外，還有運用創
意起死回生的旭川動物園、拉麵博物館、清酒歷史資料館……等，不論

是人文美景抑或是美食，在旭川這個城市裡應有盡有，簡單來說，一年四季都適合來旭川觀光。

從札幌開車只需約二小時就能當天來回，來到旭川市內交通方便，大眾交通巴士最為便利，沒有租車的朋友也能輕鬆觀光，想要前往附近的美瑛、富良野觀光的朋友，可以搭乘觀光巴士，一點也不困難。

DAY 4 JR PASS

來到旭川的第二天，一大早要搭公車去雪之美術館（已於2020年6月30日結束營業），搭乘大眾交通工具時，建議出發前確認公車時刻表，巴士站不是旭川車站前的巴士總站喔！而是在靠近旭川中央巴士站前的11號公車站牌處等車，搭乘53、530、630號公車，並於「高砂台入口」站下車，步行10分鐘左右即可抵達！

坐巴士大概30分鐘可以到，車次不多，從巴士後門上車抽整理券，下車時從前門下車把整理券放入司機旁的機器中，顯示車資後付現；道北巴士這段車程不能用JR PASS喔！我們是刷SUCIA IC卡，若用SUCIA IC卡，於上下車時都要刷卡(後門刷上車，前門刷下車)，就不用抽整理券。

▶ 從巴士後門上車抽整理券，前門刷卡下車

出發地	目的地	活動
旭川→札幌		
旭川	雪之美術館（已停業）	冰雪奇緣
旭川駅	美瑛駅	車程
美瑛	觀光巴士（預約制）	美瑛青池→白金青池/白鬚瀑布→十勝岳展望台
美瑛駅	旭川駅	車程
旭川駅	札幌駅	車程
札幌	宿:札幌	晚安

▲ 登別駅前有直達登別溫泉街的巴士

◀該班列車哪些車廂是指定席及自由座會很清楚上掛上牌子

進入行程第5天了，第5天的行程往道南移動，4天3夜微旅行從登別→洞爺(宿)→函館(宿)→札幌，JR PASS 7天周遊券也使用了5天了，今天的行程是開始要做多天數的移動，所以放在大行李箱中的小行李箱拿出來使用，大行李箱先寄放在飯店。建議若需寄放行李箱，移動後回到札幌時要入住相同的飯店，行李箱才可寄放，不然可能就要寄放在車站的寄物櫃過夜了。

出發地	目的地	活動
札幌→登別→洞爺		
札幌駅	登別駅	
登別駅	尼克斯海洋公園	觀賞企鵝散步、海洋動物表演
登別駅	登別溫泉街	溫泉街走跳
登別	地獄谷、奧之湯	親子小健行
登別	極樂通商店街	大啖霜淇淋
登別駅	洞爺駅	車程
洞爺湖	洞爺湖	前藥師如來堂、手湯（藥師之湯）、足湯
洞爺湖	洞爺湖環湖	環湖步道散策
洞爺湖	洞爺湖夏季花火大會	洞爺湖夜花火遊覽船
洞爺湖	洞爺湖飯店	泡湯
	宿：洞爺湖	晚安

東西南北交通網絡

　　登別位於距離札幌搭乘JR特急只需1小時20分，搭乘普通車也只需2小時20分的距離，可以一天來回，非常適合列入北海道自由行的溫泉行程當中。從札幌車站出發，搭乘JR到「登別站」之後，出站再轉乘道南巴士直搗登別地獄谷！或乘坐JR室蘭本線特快，從新千歲機場到登別車站約50分鐘，巴士從登別車站到溫泉街約13分鐘。

關於登別

　　登別位於北海道西南部，擁有登別溫泉等許多溫泉和樹海、湖沼等，景觀極富變化，屬於支笏洞爺國立公園範圍。

　　登別溫泉在1858年開湯，是北海道主要的溫泉區之一，可從札幌一日來回，也可和洞爺湖安排在一起，在其中一處住一晚。如果有往返札幌和函館，也可選擇在此停留。登別溫泉海拔200米，歷史悠久已是北海道頗有代表性的優質溫泉，一日湧出約一萬噸，量非常驚人，每分鐘溫泉的出水量高達3000立升。溫泉東北部是登別原始森林，周圍被原始森林環抱，環境幽靜，晚間人煙稀少。所以若住宿的話，建議找一間設施完善的溫泉旅館，可享用晚餐及泡湯。登別溫泉有各具特色的溫泉水質，有硫化氫水質、有食鹽水質、有含鐵水質，是世界珍稀溫泉之一，也是溫泉療養聖地。

　　來到登別溫泉一定不能錯過地獄谷，這是旅客來到這裡必訪的景點。地獄谷是直徑450米的爆裂火口，火山氣體從灰黃

▲ 有企鵝散步的登別尼克斯海洋公園

色的岩石表面向外噴出，周圍空氣中有些許硫磺味，不知是哪位仁兄把這裡取名為地獄谷，據說更早之前的人們叫它「鬼棲息的地獄」，我倒覺得黃石白煙的山谷景象，有種西部牛仔荒野鏢客的氣氛。

上述這些地方，是在登別溫泉區域，搭乘JR鐵路出站後，還需要搭道南巴士（道南バス）前往，車程約15分鐘。巴士車票可以在JR登別駅的自動販賣車票機購買，建議直接買往返車票。

登別主要有3個大型觀光設施，分別是登別尼克斯海洋公園（登別マリンパークニクス）、登別熊牧場（のぼりべつクマ牧場）、登別伊達時代村，距離車站最近的是1990年開設的尼克斯海洋公園，徒步5分鐘可到。今天抵達登別第一站是要前往有企鵝散步的登別尼克斯海洋公園。

✚ 洞爺湖交通網絡

洞爺湖距離新千歲機場約1個半小時，而距離札幌市區約2個小時車程的洞爺湖，交通非常方便。從JR札幌車站搭至JR洞爺車站約120分鐘，從JR登別駅轉搭至JR洞爺車站39分鐘，抵達洞爺駅出站後門口就可以看到道南巴士，搭乘道南巴士約20分鐘即可抵達洞爺湖溫泉。

▼ 洞爺湖

▲ JR 洞爺車站

✦ 關於洞爺湖

　　北海道的洞爺湖溫泉是熱門的日本溫泉，「洞爺湖」名字由來是取自於愛奴語中的「TO·YA」（ト·ヤ），「洞」指的是湖，而「爺」則是指「山丘」，洞爺湖的意思就是被山丘包圍的「山之湖」。洞爺湖綠寶石一般的湖水蕩漾，是火山大噴火形成的日本第三大火山湖，列全日本第九大湖泊，屬於支笏洞爺湖國立公園。

洞爺湖 ▶

洞爺湖步道 ▶

　　洞爺湖是北海道著名的溫泉聖地，區域內的飯店、旅館是北海道最多的地方，也是許多旅行團及遊客，來到北海道旅遊的必訪景點。洞爺湖為南北直徑約9公里，東西直徑約11公里的近圓形湖泊，在冬天儘管周圍氣溫降至零下20～30度，湖面還是不會結冰的。湖中有中島、觀音島、弁天島、饅頭島等四座小島，此處的觀光遊覽船幾乎是終年都有行駛。湖周景色秀麗，湖的南岸處聳立著有有珠山(活火山)、昭和新山(新

生火山)，而湖中央有「中島」浮現，形成一特殊景觀。在西元1960年還有非常少數人在到島上居住，現已確定為無人島，不過卻有大量的蝦夷鹿(エゾシカ)在島上生活。

▲ 洞爺湖

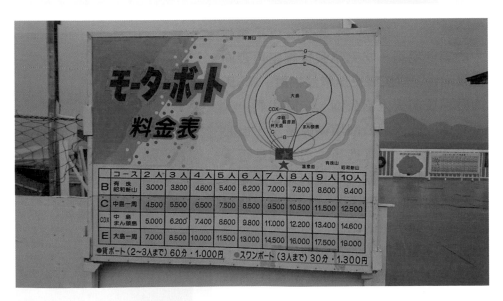

▲ 觀光遊覽船，料金以現場票價為準

函館交通網絡

　　函館可算是北海道最南端的都市。自古以來就因為作為貿易港而興盛，街道上盡是歐式等國外文化與日本文化相融合的建物。擁有異國多彩魅力，包含廣為人知的美麗夜景、新鮮海產。通常可安排2天1夜的行程，不過函館百萬夜景容易受天候影響，不妨多排一天比較保險。

　　從札幌前往函館，要從札幌到函館的話可搭JR特急北斗，不需要換車，JR札幌駅→JR特急Super北斗號(JR特急スーパー北斗)→JR函館駅，約3小時40分鐘左右到達。從JR大沼公園駅向函館出發，約40分鐘的車程，就抵達JR函館駅。

　　在函館觀光，利用路面電車即可走遍函館的主要觀光景點，因路面電車連結了函館車站、元町、BAY、五稜郭、湯之川等主要觀光景點。價位依據搭乘區間不同也會有所差異，大約在210～260日圓左右。若一天會搭乘三次以上，要購買較划算的一日乘車券的話，成人是600日圓、小孩是300日圓，可在路面電車車內或是函館站的觀光案內所購得。除了路面電車以外，也可選擇路線巴士加上電車的套票(分為1日券及2日券)、觀光巴士、計程車、租車等交通方式遊遍函館，當然也可以用IC卡搭乘貼有標示的大眾交通工具。

▲ JR 函館駅

▲ 計程車

▲ 函館路面電車

▲ 函館站巴士服務處

▲ 函館站前裝置藝術

今天函館的行程重點是五稜郭塔，這是上回天候不佳沒親訪的點，也是為方便抵達五稜郭塔才買了「市電・函館バス共通1日、2日乘車券」，這也是我常常鼓勵爸媽，帶孩子旅遊不用多想，時間是金錢買不到的，在孩子跟隨父母的有效期間內，親子旅行是創造出親子親密最大值的最佳方法。

▶ 五稜郭展望台的營業時間為 9:00 ～ 18:00，展望台門票販售結束時間為 17:50

▲ 五稜郭閃閃發光的星形

出發地	目的地	活動
	函館→札幌	
函館	函館朝市	知名早餐市集
函館	五稜郭	星形要塞城郭
函館	元町公園	異國情調西式風格街道
函館	舊英國領事館	雅致的西式建築
函館	教會群	明治時代建造的現代化建築物
函館	八幡坂	滿溢著異國風情
函館	函館公園	內有動物園和兒童遊樂園
函館	金森倉庫群	港邊紅磚倉庫群
函館	函館港	摩周丸船紀念館
函館駅	札幌駅	車程
札幌	AEON 桑園	逛街補貨
札幌	宿:札幌	晚安

▲ 八幡坂也能看到美麗夜景

▲ 札幌拉麵共和國

▲ JR TOWER 展望台

▲ ESTA 親子遊樂區

▲ 札幌車站夜景

從札幌市出發,只需約一個小時車程就能抵達定山溪日歸溫泉吧!

出發地	目的地	活動
札幌→定山溪溫泉→札幌		
札幌	定山溪	日歸溫泉
札幌	AEON 桑園	購買伴手禮
札幌	索朗祭	索朗祭
札幌	宿:札幌	晚安

Chapter 4

▼ 定山溪觀光案內所,巴士站下車過馬路就到

DAY 10 使用 SUICA 卡等 IC 卡（記得要儲值喔）

今天先去北海道神宮，以及附近的景點，然後重頭戲就是札幌夏季盛典─索朗祭。

出發地	目的地	活動
札幌		
札幌	北海道神宮	北海道代表知名神社
札幌	圓山公園	烏鴉滿天飛的公園
札幌	圓山動物園	超級好玩的親子動物園
札幌	索朗祭遊行	熱情奔放節奏感十足的街道遊行
札幌	索朗祭	特別觀賞席─當個特別來賓
札幌	宿:札幌	晚安

▲ 與冬天雪祭一樣受歡迎的夏季索朗祭

DAY 11 　步行 + 使用 SUICA 卡等 IC 卡 (記得要儲值喔)

出發地	目的地	活動
步行+使用SUICA等IC卡		
札幌	札幌資料館	親身感受歷史的分量與藝術
札幌	索朗祭	力與美的大震撼遊行
札幌	三吉神社	當地人最愛去的神社
札幌駅	新千歲空港	不僅僅是空港也是商場
新千歲空港	新千歲空港國內航廈	血拚伴手禮
新千歲空港	台灣桃園國際機場	甜蜜的家

▲ 位於大通公園西端的札幌市資料館值得一訪

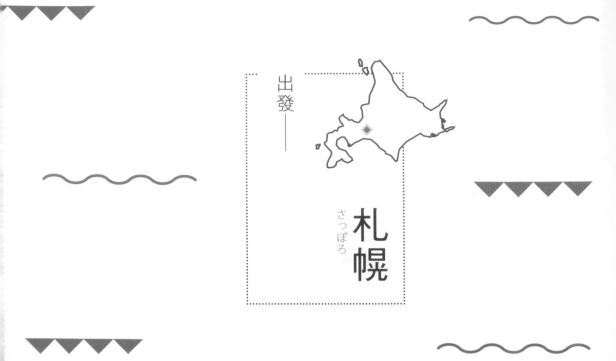

出發──

札幌
さっぽろ

北海道本身好山、好水、好自然，也不乏都市化的購物與美食；規劃全家親子北海道時，先評估一下自己及孩子喜歡什麼，是偏好城市逛街、公園嬉戲還是人文景點等。其實第一大城「札幌」就能將上述一網打盡，滿足美食、血拼、自然、人文歷史以及藝術的多元需求。北海道的都市，在開拓發展時，就在完善的都市計畫基礎上規劃建造而成，因此自然休憩與城市機能完美地結合在一起。例如：札幌跟其它日本大都市沒兩樣，北海道地域廣大、建物新穎，走在路上非常舒服。東京買得到的大牌子，札幌幾乎都買得到，同時札幌也有許多具有歷史人文的據點，尤其野外美術館的規劃及交通，更是令人驚豔。

　　我自己第一趟的北海道初體驗，僅安排在札幌及近郊4天3夜親子旅遊，就玩得豐富又精采、意猶未盡，至今孩子還能清楚娓娓道來當時的情境。之後我的同學及朋友，以我的懶人包方式去遊玩（可參閱我的第一本北海道書籍：我家的幸福小旅行，美食泡湯玩雪趣），他們回來都是開心到不行，跟我分享他們滿滿的旅遊記憶，讓我覺得這4天3夜的雪祭北海道好值得、好有價值！

▼ 札幌冬日盛會 - 雪祭

好玩好吃的雪印

////////////////////////

　　在做旅遊功課時，看到雪印我的眼睛為之一亮。因為小時候只要看到雪印二字就知道是日本貨，雪印這品牌是我童年時難以享受的奢侈品，當然希望自己的孩子體會媽咪喜歡的食品，於是雪印就放在我的口袋名單內。

　　離JR札幌車站最近的雪印，是從南口出來直行，看到太陽生命大招牌的旁邊，離紅磚商場不遠的地方。藍底白字的雪印招牌映入眼簾時，就是抵達了雪印！別看旅遊書介紹的交通方式很簡單，以為很容易就會到達。其實初來乍到，還搞不清楚方向時，我也是費了九牛二虎之力才找到雪印的。最後是問一位商場的歐巴桑，而日本人真是深怕你找不到路，她直接帶我走到馬路上，用日語比手畫腳地解說如何走，我們也到達了我孩童記憶裡的雪印。

▲ 藍底白字的雪印招牌

這樣的招牌孩子抵擋得住嗎？ ▶

雪印不是賣冰淇淋的嗎？是的，但我們是來吃午餐的，因為這裡的咖哩飯是用雪印牛乳製成的，所以就點了咖哩套餐。這家餐廳氛圍很是藝術，牆上有著北海道知名景點的畫作，燈飾也很特別。如果不喜歡太吵雜的環境，喜歡靜享旅遊時光的你，就可以考慮坐上1～2小時吃冰、吃飯或喝下午茶，都蠻推薦的。

▲ 雪印牛乳製成的咖哩飯　　　　　　　　　　　　▲ 雪印復古燈飾

Chapter 5

　　觀察裡面客源，當地日本人居多，他們在這打電腦、看書、滑手機，這裡應該就是在地人歇腳的地方。畢竟觀光客少，沒那麼商業化，給在地人有種逃離觀光客，在自己餐廳用餐的感覺。店裡面沒有英文菜單，可能因此觀光客較少，觀光客僅在外面買買商品而已。在雪印用餐結帳後，服務員會給一張10%購買商品的折價券，可以在店內購買商品做折抵，吃完飯去採購吧。

Info.

雪印

〒060-0002 札幌市中央區北 2 條西 3 丁目 1-31(太陽生命札幌ビル 1 階)

🕐 營業時間
　賣店：10:00 ~ 21:00
　喫茶：10:00 ~ 21:00
　交通：札幌駅南口徒步 3 分鐘
　官網：http://www.snowbrand-p.co.jp
　（詳情以網站查詢為準）

2020 年東京奧運的代表公仔 ▶

紅磚露台
Akarenga Terrace
///////////////////////////////////
在地人也愛去的廣場

　　正對著北海道舊道廳旁的紅磚露台（Akarenga Terrace），位於三條廣場上，廣場地面鋪設大片的紅地磚，兩側種植銀杏，還有露天咖啡座，也因位於北海道舊道廳旁邊，所以取名為紅磚露台，目前是由三井集團營運，以「遇見新感性的札幌四合院」新概念經營。紅磚露台是札幌新興的逛街美食廣場，位於札幌的商業中心，聚集著許多白領上班族，也是在地人喜歡逛街聚餐的地方。

紅磚露台地下1樓到3樓，主要以20多家餐廳為主，服飾較少，也有一些具設計感的空間。樓上是新穎的辦公大樓，身在其中可以讓人感受到日本人對空間的細膩規劃。紅磚露台1樓有一間知名的mont-bell戶外露營專賣連鎖店；2樓有一家鶴雅集團開設的知名精緻自助餐，特色是以北海道當季的美食為主題，餐點有超過70種來自北海道各地的食材菜色，當然也是一家排隊美食名店。

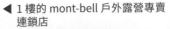

◀ 1樓的 mont-bell 戶外露營專賣連鎖店

▼ 紅磚露台挑高空間

Info. 🍽

鶴雅集團自助餐

⌂ 日本札幌市中央區北 2 條西 4 丁目 1 番地 札幌三井 JP 大樓

🕐 營業時間
午餐是 100 分鐘制分 3 場次① 11：30 ② 12：30．③ 12：30
晚餐無限時，週日~週四 17：30 ～ 21：30（最後入場 20：30）、
週五 / 週六 / 日本的節假日前 17：30~22：00（120 分鐘制，最後入場 21：00）

$ 午餐價位：每位大人 2700 日圓（含稅）吃到飽
晚餐價位：每位大人 4800 日圓（含稅）吃到飽
3 歲以下免費，65 歲以上老人，小孩（4 歲~12 歲）提供年齡證明有優惠價

@ http：//www.tsuruga-buffet.com/tw/ 詳情以鶴雅官網為主。

◀ 鶴雅集團自助餐

值得一提的是紅磚露台2樓，有一個很特別的咖啡廳Atrium Terrace（アトリウムテラス），這裡是上班族及在地人非常喜歡休息聊天的地方，不一定要消費，就可找個位子無拘無束小憩放空。還提供免費插座可以充電，很有人性化的空間，這一定要給它讚聲的。

Atrium Terrace在空間上挑高的中庭設計，座位與座位間沒有壓迫感的距離，整片玻璃採光設計，讓陽光煦煦灑入，彷彿是都市叢林中的小綠洲。建議拎著孩子來看看這特別的地方，也培養一些美感，這不就是旅行的特別體驗嗎？

▼ 都市中的小綠洲

紅磚露台3樓是Bar Terrace，「バル」直譯就是BAR，集合了講究的壽司專門店、日式燒肉專門店、義大利餐廳之外，還聚集了札幌的有名店家，有拉麵、中菜也有蕎麥麵、烤肉以及咖哩飯，是一種時尚的飲食新型態，這裡用餐環境很美，有免費Wi-Fi可以使用。

┤ Info. 🍴 ├

紅磚露臺　赤れんがテラス　Akarenga Terrace

⌂　北海道札幌市中央區北 2 條西 4 丁目 1 番地
🕐　營業時間
　　Atrium Terrace（2 樓）/ 7:00 ~ 00:30
　　Bar Terrace（3 樓）/ 11:00 ~ 23:00
@　http://31urban.jp/lng/cnHn/akarenga.html
　　（詳情以網站查詢為準）

北海道廳舊本廳舍
//////////////////////
（紅磚廳舍）

　　札幌北3條向西面望去，盡頭之處就是建立於1888年威嚴莊重的北海道政府舊址建築——北海道廳舊本廳舍。以美國州議會為範本所建造的新巴洛克式建築，曾經是北海道的行政機關北海道廳的辦公場所。

▼ 盡頭之處就是北海道廳舊本廳舍

▲ 紅磚露臺旁的盡頭就是紅磚廳舍

北海道廳舊本廳舍 ▲

　　北海道廳舊本廳舍是北海道開拓史的發源中心，擔負著北海道政府的行政功能；現在的行政中心已轉移到新大樓，而這舊本廳內，館內設有北海道立文書館、北海道歷史畫廊以及觀光案內所。裡面展示有關北海道開發歷史的文物及資料。北方四島的資料館，展示過去日本治領北方四島時期的相關文物。如果有時間的話，不妨聽一下常駐觀光服務志願者的講解，感受一下此棟建築物的歷史。

◀ 北海道廳舊本廳舍 1 樓
▼ 北海道廳舊本廳舍 2 樓

北海道廳舊本廳舍 1 樓 ▲

　　北海道廳舊本廳舍作為北海道廳使用了近80年，於1969年被指定為國家重要文化遺產，目前被安裝在裝飾框裡的防寒雙重門內，其八角形的翹曲玻璃，是在明治時代製造的，廳內大圓屋頂、尖狀屋頂、窗框等，看起來相當有格調，建築物外牆使用了近250萬個紅磚，因深受當地居民喜歡，所以就被稱為「紅磚廳舍」。

▲ 建築物外牆使用萬個紅磚

不只館內，正門前的銀杏大道，還有周遭公園四季的顏色不停地變換。館外花園的前院裡，還種植著許多花草，有荷花、鬱金香、霞櫻和八重櫻等，許多花朵從5月上旬到月末左右均可賞花。舊道廳左右各有一個觀景水池，倒影拍攝起來如明鏡般，倒影非常美麗，好像來到了世外桃源，是散步休閒的好地方。

▶ 館外花園
▼ 明鏡倒影

▲ 水面如天空

　　5月底6月初，蒲公英在整個北海道廳舊本廳舍恣意飛揚，有著滿滿的幸福感，這是照片和文字無法表達的，一定要親自走上一趟，才知道滿天空的蒲公英再加上美景交織出來的甜甜幸福味。旅行的美，要靠平常訓練五感的敏感度，生活才會更增添樂趣，走出日常的固定模式，感受不同的驚嘆！

　　北海道廳舊本廳舍五臟俱全，地下層還有餐廳及商店，可以用餐及購物，日落以後至晚上9點有夜間打燈照亮，燈光美、氣氛佳也別有一番風情。

Info.

北海道廳舊本廳舍

⌂ 北海道札幌市中央區北 3 條西 6 丁目
🕐 營業時間：08:45–17:30 星期六日公休

🚗 地鐵南北線 / 東豐線 /JR 線「札幌」站下車，步行 8 分鐘
　 地鐵南北線 / 東西線「大通」站下車，步行 9 分鐘

◀ 北海道廳舊本廳舍

百元商店
/////////////////////
的超級魅力

　　常去日本的爸媽應該對日本大創百元店不陌生吧！說到百元店，大家一定會立刻想到桃紅色的招牌，每月推出上百種新品的「DAISO大創」，看網路的說法是，大創的創辦人矢野博丈最開始當流動攤販時，因為沒有時間去標價，索性將所有商品都定價為100日圓，沒想到這個行銷策略意外能吸引客人上門，「百圓店」的概念便由此誕生了！

　　今天逛到大通公園附近，狸小路1丁目及2丁目街口，有一棟5層樓的大創DAISO百元店，可別小看這裡的商品，雖然百元日圓(折合新台幣約30元)，但創意十足的商品加上能找到MADE IN JAPAN的物品，買來當伴手贈禮絕對物超所值！

✚ DAISO 大創百元店

　　DAISO大創深深了解到「創新」的重要性，因此每月都會開發上百種新產品，當中還有不少是特有專賣產品，商品總數達上萬種。無論是居家用品、3C商品、美妝雜貨、零食伴手禮等都可以在大創找到，商品種類堪稱最多元。來日本想到大創好好採購一番的人，建議可以先到**官網的「店鋪檢索」查詢「大型店」所在地**，商品種類會最為齊全喔！

Info. 🍴

DAISO- 大創
官網：www.daiso-sangyo.co.jp
店鋪一覽：www.daiso-sangyo.co.jp/shop
（日本各地皆有分店）

Daiso 大創 札幌中央店
🏠 北海道札幌市中央區南二條西 2 丁目 SAPPORO 22
　 SQUARE 地下 1 階、2 階
🕐 營業時間：10:00~21:00
@ https://www.daiso-sangyo.co.jp/shop/
　 detail/001288

◀ 實用的壽司模型
▼ 伴手禮

✛ CanDo

　　位於札幌JR車站ESTA百貨B2的CanDo，是名列日本三大百元店的超高人氣品牌Can★Do，它的商品種類也非常多元，同時有推出自家品牌商品，兼具設計感和質感，商品特色偏向可愛、美妝小物多，與著重自然手作風的百元店Seria相比，CanDo偏向潮流、個性風格，因此深受年輕族群歡迎，也吸引多女性族群。推薦大家可以來CanDo逛逛，相信可以找到許多好玩新奇的商品。另外還要特別推薦CanDo的官網，經常會更新本季最新商品照片，版面十分容易瀏覽，可以很快找到自己有興趣的商品。

Info.

Can ★ Do

⌂ 札幌 ESTA 百貨地下 2 樓
🕒 營業時間：09:00~21:00
@ 官網：https://www.cando-web.co.jp/index.html
北海道店鋪一覽：
@ https://www.cando-web.co.jp/shopinfo/hokkaido.html

也被稱為札幌鐘樓的
//////////////////////////
札幌時計台

到北海道札幌旅遊，可以安排市區的一日小旅行，從札幌車站開始，用走路散策的方式慢慢逛。從北海道廳舊本廳舍、札幌時計台、大通公園及薄野等這些札幌著名的景點，細心品味這些建築的特色及歷史。

札幌時計台，建於1876年，前身是札幌農學校演武場（示範場），札幌時計台的正式名稱是「舊札幌農學校演武場」，是北海道札幌市的著名地標，也被稱為「札幌鐘樓」，與北海道廳舊紅磚廳舍同為札幌市中心的主要觀光景點。

札幌時計台於每次整點時會響鐘，晚上時還會亮燈，非常美輪美奐，多年來就如此靜靜細數著歲月守護著札幌市民。古色古香的白色建築，很難不喜歡上它。這是棟木造兩層樓建築，約5層樓高的鐘塔，在城市中自成一格，矗立於四周高樓建築中，模樣相當的可愛，有被療癒的FU。

◀ 札幌時計台

札幌時計台是北海道少數保存至今的美式建築，是日本19世紀引入西方教育以及北海道開墾時期的象徵，是札幌相當重要的歷史象徵，現已是國家文化財。札幌時計台為收費場館，入館門票為200日圓，售票窗口設置於1樓。札幌時計台1樓外面也設置了一座供遊客免費使用拍照的高臺，是拍照的絕佳位置。另外，有部落客分享更佳的札幌時計台視野，可以過馬路到對面大樓，這裡有一個階梯(有標示二階時計台攝影的箭頭)可以通往二樓觀景台，拍下更棒視野的時計台。

Info. 🍴

札幌時計台
⌂ 札幌市中央區北 1 條西 2 丁目
札幌市營地下鐵大通車站步行約 5 分鐘可到
🕐 開館時間：09：00-17：00
$ 參觀費用：200 日圓（中小學生免費）

日本新三大夜景之一

////////////////////////////

藻岩山展望台

▲ 藻岩山看夜景

　　藻岩山的行程，是我們JR札幌車站的時候，去旅客服務中心詢問如何上山，竟然意外地發現，去藻岩山很簡單啊！因為旅客服務中心的服務員，聽到我們要去藻岩山，即刻拿出一張DM說這是最簡單的方法，指著兩個時刻表—搭巴士，分別是上山、下山的巴士時間，前往藻岩山幾乎一點都不需要用腦，所以我們就決定這麼簡單的行程，而且搭乘北海道JR巴士，是可以用JR周遊券，不用再付車錢，當然要在JR PASS 7天有效期限內，一定要把這個行程排進去。

到札幌—藻岩山看夜景時要留意，北海道夏季日夜溫差大，要幫孩子帶上保暖外套。上午氣溫達30度，晚上約20度，需要準備薄羽絨外套，上去藻岩山要注意保暖，不然上山會冷到想下山。

◄▲ 遊客中心給我們的時刻表，搭乘巴士上山去

　　拿著遊客中心給我們的時刻表，依照時間提早15分鐘到達ESTA附近的巴士總站，按圖索驥到巴士月台等，由於不是很確定是不是在這個月台，因為一個月台有好多車，特別問了前面排隊的的日本人。北海道的在地人對於觀光客的問路非常熱心，此時剛好有一班車進入月台，他特別提醒我們是要搭下一班車。上車之後，因為終站就是藻岩山，就等著下車，但我總是會核對手上時刻表的時間，以再次確定目的地。抵達後，下車前特別問司機，回程的站牌在哪，司機先生說就在同樣的站牌，意思就是上下車的地方是一樣的。下車的時候，把JR PASS秀給司機先生看就好囉，不用另外付費。

藻岩山在北海道原住民愛奴語中被稱為「inkar-us-pe」（インカル
シペ），意思是「登上山頂監視四周的地方」，也曾是愛奴族的聖山。
如果打算白天上藻岩山的朋友，不妨試試從路面市內電車站，沿著小巷
街道慢慢散步過去，春天的時候往藻岩山的路上可是會滿開櫻花的。但
冬天的話冰天雪地，路面容易溼滑，不建議用走路的方式上山。如果是
安排在晚上才要上藻岩山夜景的話，建議搭乘接駁車上藻岩山纜車站，
省時又省力。

　　2015年藻岩山被選為「日本新三大夜景」之一，高度位於海拔531公
尺的山頂展望台，不僅可眺望到札幌街區、石狩平原、石狩灣，還能欣
賞到遠處的雄偉山峰等美景，要上來札幌藻岩山展望台看夜景，需要搭
乘藻岩山纜車，要另外買纜車票。巴士下車後，根據指標往山麓站方向
前去，在山麓站購買纜車票，據朋友說乘坐路面電車，車上可以索取優
待券，就是在下電車的時候，在司機後方的資訊情報區可以索取「藻岩
山纜車折價券」，一張券可以折價纜車票券200日圓，如果有優待券記得
要在購票時出示給售票人員，來回票價就能以優惠價格購買。而我是直

▲ 當時的使用優惠券價格為 1500 日圓，但請以現場優惠票價為準

接在GOOGLE大神打入關鍵字「藻岩山纜車優待券」，把手機畫面秀給賣纜車票的服務人員就可優待200日圓，一般來說，都是會購買纜車及登山車的聯合票券的來回票。這次在買票時，前一位日本人買完票，就主動把她手上優待券給我，實在好心！所以我也把她的優待券給正在排隊的遊客，大家互相照顧，很溫暖不是嗎？也有很貼心的生日優惠，在售票處出示生日證明，壽星本人可免費搭乘來回纜車＋Mo-risu纜車，壽星同行者也可享優惠票價日圓。等候上纜車時，會有日落資訊、能見度等，可以參考看一下，最好上山的時間，我建議就是日落前的半小時，從明亮到越夜越美麗的完整體驗。

＋ もいわ山麓駅→もいわ中腹駅→もいわ山頂駅（展望台）

藻岩山纜車分為兩段，第一段是大型纜車，一次最多可坐66人。搭上「纜車」後，用時速18公里的速度帶你到了「もいわ中腹駅」，接著要換「登山車」繼續上山，這一列登山車掛載兩節車廂，每一車廂可搭載30名，一次上山可運載60名旅客，而出站後就是海拔531公尺高的「藻岩山觀景台」了。もいわ山麓駅→もいわ中腹駅這段纜車行駛約5分鐘，

時間還蠻長的，一路把乘客從平地送到山腰，景色也越來越壯觀。建議如果許可的話就儘量擠到纜車箱往山下的方向那面窗，到もいわ中腹駅，就繼續排隊搭下一段纜車到もいわ山頂駅（展望台）。

▶ 記得站在纜車箱往山下的方向那面窗，這段纜車往上行駛約5分鐘

▶ 藻岩山的吉祥物公仔
▼ 伴手禮專賣店

▲ 第二段纜車是兩台車廂連結

　　在もいわ中腹駅有個販賣紀念品及伴手禮的專賣店，不用急著逛，等下看完夜景，下山抵達的時候再逛也不遲。第二段纜車是兩台車廂連結，很快就到山頂站了，印象中能看到景色的時間大概只有1~2分鐘而已，所以也不用太強求要站到哪個角度了。下山同樣是要搭兩段纜車，而這時候就可以好好逛逛中間轉乘站藻岩中腹站（もいわ中腹駅），可以在這邊購買到許多札幌市著名的名物及土產、伴手禮、紀念商品，也有很多藻岩山的吉祥物公仔「蝦夷栗鼠」周邊商品可以選購。

　　藻岩山展望台上，設置了一座幸福鐘，除了觀光客很多，更是吸引不少情侶到這裡來約會。這被譽為戀人聖地的約會勝地「幸福鐘」，只要敲響幸福鐘，男生拉長繩、女生拉短繩一起搖鐘的話，就可以有情人終成眷屬，為自己帶來許多的幸福。周圍的欄杆上可以掛上「愛的南京鎖」，在這裡發誓永遠相愛。

藻岩山山頂展望台中有設置一間餐廳「THE JEWELS」，可讓旅客在此悠閒的用餐。如果不想用餐，展望台內也有一間咖啡廳，可喝上一杯暖暖的咖啡或是飲料，這裡也有孩子愛吃的冰淇淋，奶香十足、口感綿密。除了餐食之外，藻岩山展望台上另外也設置了一座「天象儀」STAR HALL，用3D影像來介紹札幌，是免費參觀的。另一區則是放映著名的天象儀設計師「大平貴之」所設計的天象儀節目，節目就要收費進場了。

我們待在藻岩山展望台，從晚間7：00~8：20算待蠻久的，後來發現遊客越來越多，必須要搭上最後一班的巴士，就趕緊準備搭纜車下山。這時排隊下山的隊伍好長，還好有加開班次的纜車，也順利搭到回程的JR北海道巴士。所以，若有時間限制還是要提早下山，如果真是來不及，也可以搭乘免費接駁車到路面電車圓山站，再轉車回飯店。

▲ 幸福鐘

Info.

札幌藻岩山夜景（札幌もいわ山ロープウェイ）

⌂ 札幌市中央區伏見 5 丁目 3 番 7 号

🚌 藻岩山纜車交通指南

@ moiwa.sapporo-dc.co.jp
（詳情以網站查詢為準）

藻岩山夜景免費接駁巴士

🚌 請搭乘札幌市電至「纜車入口車站‧ロープウェイ入口駅」後，往藻岩山方向步行 1 分鐘即可看見候車處，無料バス乘り場
搭乘地點：「藻岩山纜車免費接駁車乘車處 もいわ山ロープウェイ」

🕐 接駁時間：10：15 - 21：15 發車時刻：每半小時一班車，尖峰時段視情況機動

$ 接駁巴士車資：免費

札幌藝術之森

////////////////////////////

野外美術館

　　札幌藝術之森是個坐落於森林之中的大型藝術公園，這裡不僅有陶藝、木工、染布等各式各樣的工作坊，其中「札幌藝術之森美術館」及「野外美術館」更是聲名遠播，吸引了不少遊客來訪。由於札幌藝術之森美術館的展品和票價會因展覽不同而不定期變動，這裡不論是環境、展品還有交通的便利性都很棒，加上北海道氣候涼爽，夏天就算是沒有冷氣的戶外也完全不成問題，想讓孩子多點美學藝術的爸媽，不妨把藝術之森的野外美術館排進行程。

　　利用大眾交通工具抵達札幌藝術之森並不會太困難，只要搭乘札幌地鐵南北線到最後的「真駒內」，再到巴士2號候車亭搭巴士(可以先看核

▲ 大型藝術公園　　　　　　　　　　　　　　　▼ 入口處

對巴士行駛路線），便可直接抵達「札幌藝術之森入口」。有的巴士會有札幌藝術之森的站名，那就是下車後立刻到達藝術之森的售票處。從札幌的市中心來到藝術之森單程大約需要40-50分鐘，很值得推薦爸媽帶孩子來享受藝術氣息。不過若推娃娃車會比較辛苦，因為有些地方是泥土路。

▼ 巴士 2 號候車亭搭巴士（可以先比對巴士行駛路線）

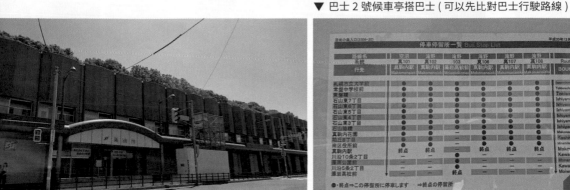

▲ 搭乘札幌地鐵南北線到最後的「真駒內」

札幌藝術之森占地廣闊，若是從「札幌藝術之森入口」下公車，從入口走到野外美術館的入口大約需要10分鐘，但由於環境靜謐且涼爽，這段路途倒也走得十分愉快。野外美術館需要購票入場，工藝館和有島屋的參觀都是免費的，開放時間是每年的4月29日至11月3日；冬季期間則為免費入場。

野外美術館顧名思義，幾乎每一項作品都在戶外，因此春夏秋冬各有不同景致。在野外美術館裡有非常多件青銅材質的雕刻作品，著名的有「兩人」、「兩人的天空」、「伸長腳的女人」、「母與子」、「穿越樹枝的少女」等作品。其中有的作品是以區塊來展示，例如「通往秘密庭園的道路」這項超巨型作品一共有7個部分，而7這個數字則是以色列藝術家丹尼‧卡拉凡引用了「神用6天創造了天地，第7天為休息日」的這個典故，整個作品展現了對稱和簡單之美。其中「水路」和「七之泉」的呈現都非常棒，在「水路」中，水流順著作品從上游流下來，水路上游的三角錐門是可以進入沉思冥想的小空間。

野外美術館內還有許多知名的作品。例如：福田繁雄先生的「成為

▼ 「札幌藝術之森入口」站下車，即到野外美術館的入口

▲ 到「真駒內」巴士 2 號候車亭搭巴士

一進入野外美術館的澄川喜一先生的「弓狀的種種形式」▲

椅子休息吧」、宮脇愛子小姐的「空日」、澄川喜一先生的「弓狀的種種形式」等等，都非常值得一看。野外美術館一共收藏了64位作家的74件作品，分布在館區內的各個角落，我們這次欣賞了戶外全部的74件作品，花上3～4小時的藝術小健行。另外，野外美術館有開放部分飲食區域，爸媽不妨帶著孩子在藝術草地上來個小野餐。

Info. 📷

札幌藝術之森

🚗 交通方式：抵達地下鐵「真駒內」站後轉乘公車
$ 門票價格：成人 700 日圓、中學生以下免費
🕐 營業時間：9:45~17:00（6 月 1 日~8 月 31 日至 17:30）
@ 官方網站：https://artpark.or.jp/（詳情以網站查詢為準）

▲ 回程公車

▲ 「真駒內」站

✚ 札幌藝術之森美術館的藝術洗禮

❶「水路」

❷ 宮脇愛子小姐的「空日」

❸ 福田繁雄先生的「成為椅子休息吧」，此作品強調了互相幫助的精神，因為當你坐下的時候也會成為另外一人的椅子。

❹「兩人」

❺ 通往秘密庭園的道路

❻ 大地就是藝術

❼ 可以進入的三角錐天地-望天

❽ 下雨的奇蹟轉角出現的佐藤忠良紀念館

❾ 躲雨的親子共讀

⑩ 智慧象徵貓頭鷹

⑪ 「契合」

⑫ 戶外展場

⑬ 神獸烏鴉

⑭ 入口處旁有會議空間，孩子可稍作歇息

⑮ 札幌藝術之森美術館外觀

有小型遊樂園的

//////////////////////////////

中島公園

在市區內除了大通公園，城區中心還有值得一訪的中島公園。

▲ 中島公園

　　中島公園內有小型的兒童遊樂園，從地鐵出站進入中島公園就立刻抵達。中島公園是在地人的休閒場所，與大通公園很少綠蔭不同，這裡不時可看見狗狗散步和慢跑的人影。

　　公園與繁華街區薄野(SUSUKINO)相鄰，公園內有菖蒲池、豐平館、八窗庵等國家重要文化遺產，以及類似我們國家音樂廳的音樂廳 Kitara和天文臺，多元的功能性建築設施遍佈園內，是個散步的好地方。

▲ 中島公園與繁華街區薄野 (SUSUKINO) 相鄰

　　值得一提的是，在冬天有整套滑雪用具（雪靴、滑雪板、雪杖）可以免費租借，完全不用押證件或保證金，只要填寫單子(寫上所需的滑雪器材尺寸)，不算滑雪算是走雪，就是穿上雪板用走的繞一圈，即便不去斜坡雪道也能盡興玩雪。若要租借小小朋友的雪盆，可以在兒童館內詢問看看。

▲ 音樂廳 Kitara　　　　　　　　　▲ 天文臺

✚ 中島公園散策

❶ 公園雁鴨

❷ 歷史建築豐平館

❸ 公園裡有明治天皇住過的西洋建築「豐平館」

❹ 中島公園藝術巡禮

❺ 環湖腳踏車道

❻ 兒童遊樂園

❼ 靜賞公園

Info. 📷

中島公園雪具租借

⌂ 札幌市中央區中島公園 1

🚌 地下鐵「幌平橋駅」1 號出口徒步 5 分鐘)或地鐵中島公園 3 號出口,出來右轉直走

🕐 1 月上旬 ~ 3 月上旬 10:00 ~ 16:00,借用雪鞋、雪板及雪仗是完全免費

@ http://nakajimapark.info/event/arukusuki/index.html
(詳情以網站查詢為準)

Chapter 5

讚聲滿分的

//////////////////////

定山溪日歸溫泉

　　北海道的溫泉勝地，一定不能缺少札幌近郊的定山溪。定山溪位於札幌市西南方的山區，隸屬支笏洞爺國立公園，定山溪是由薄別川、白井川、小樽內川這三條河流匯集而成的，一路流向札幌市區，直到石狩灣出海。

　　定山溪溫泉歷史悠久，泉水透明無色，屬氯化物泉，在日本本地人心中也是非常受歡迎的溫泉。沒有租車自駕的爸媽們，完全不用擔心交通問題，在ESTA公車總站可以購買「定鐵巴士」提供的溫泉一日遊方案（來回巴士車資+合作廠商的純日歸湯=2000日圓）。是當地溫泉組合與巴士公司聯合推的優惠方案，要留意不是每一間溫泉都參加了這種套票合作，買票時會有資訊提供給我們，可以到當地再決定要前往哪家溫泉飯店泡湯。

▲ 定鐵巴士

　　先去札幌站ESTA百貨的地下一樓，找到12號窗口即可購買定山溪一日套票。前往定山溪有三種車子可以坐：河童Liner號、快速7號跟快速8號。購票後在現場排隊，車來了就可以坐。其中河童號是最快的，又是遊覽車(其他的是巴士)，想坐的話要事先預約，但若當天客滿就是以補位搭乘。每天最早班次為9：30，回程也想搭河童號就要特別注意時間，河童號大概下午4–5點就沒車了，不過還有其他巴士在札幌與定山溪間運行。

　　抵達定山溪，我們先去了定山溪案內所，以及附近的定山溪踏青走走晃晃。第一站來到了定山溪神社，看到旁邊有50分鐘即可登頂的短步道，可以俯瞰溫泉街景，視時間決定是不是要登高望遠。第二站定山源泉公園與老街，這裡有許多造型不同的河童。第三站定山溪二見公園，然後就是今天的重頭戲——泡湯，可在十幾家溫泉飯店中任選一家泡

▲ 造型不同的河童

湯，可以視自己的喜好，事先做個功課，不過我們是隨心所欲，看了順眼就走進萬景飯店，作為我們今天的日歸溫泉。記得今天日歸套票一日遊，需要自備毛巾喔，當然也可以在溫泉飯店購買，想泡泡熱呼呼的溫泉時，定山溪日歸溫泉是個實惠的選擇。

　　泡完的心得是，定山溪溫泉除了能紓壓之外，皮膚還變得超級滑嫩，不得不豎起大拇指對泡完溫泉的成果說聲讚！

─┤ Info. ├─

定山溪日歸套票：定鐵巴士往復車票＋入浴券

$　大人 2,000 日圓，兒童 1,000 日圓
@　https://jozankei.jp/zh-hant/pac
　　（詳情以網站查詢為準）

✚ 跟孩子們來趟定山溪日歸溫泉之旅吧！

❶ 定山溪觀光案內所

❷ 推薦的在地餐廳

❸ 有販售泡湯券

❹ 若忘了帶毛巾也有販售

❺ 第一站來到了定山溪神社

❻ 第二站定山源泉公園

❽ 第三站定山溪二見公園

❼ 可以買雞蛋來煮

❾ 夜晚有點燈秀

❿ 二見公園河童神社

⓫ 二見吊橋

⓬ 二見吊橋橋上景觀

❸ 日歸的重頭戲-泡湯

❹ 飯店看起來很不錯

北海道神宮

////////////////////////////

北海道的信仰中心

　　北海道神宮可說是明治天皇開拓北海道後鎮守北海道的信仰中心，一般神社的本殿會向南或東，但這裡的第二鳥居是面向東北方，就是為了防守其他國家（如：俄羅斯）。

　　距離北海道神宮最近的車站是地鐵東西線的「円山公園」站，從札幌站出發的話需要經由大通轉車，大約只需花費15分鐘左右的時間。抵達「円山公園」站後請由「3號出口」出站，會有指標說明前往北海道神宮、円山公園、円山動物園、円山球場等地，都是從同一個出口出站。出站後，並跟著指標往「円山公園」走，大約走10分鐘左右，可以抵達公園的入口，入口處會有地圖指示神宮的位置。神社與神宮的差異，就在於神社祭祀的是神明稱為祭神，與皇族具有淵源的神社稱之為「神宮」。

▲ 円山公園站

▲ 抵達「円山公園」站後請由3號出口出站，會有指標說明前往北海道神宮、円山公園、円山動物園、円山球場等地

　　穿越鳥居之前要微微敬禮，以示對神明的尊敬唷！一般在神社裡的手水舍位於鳥居和拜殿之間，是到神社祭祀之前清洗身心的地方。手水(ちょうず)指在參拜神社之前，淨手漱口，洗去塵世污濁的意思。在這裡洗滌身心後，再心情平靜地去參拜吧。清洗方法如下：

1. 先以右手拿水杓盛水洗左手，意思為洗掉前世。
2. 換左手拿水杓盛水洗右手，意思為洗清今世。
3. 以右手拿水杓盛水倒至左手後用左手上的水漱口。注意嘴不能接觸水杓。
4. 再以右手盛水洗左手。
5. 最後，將水杓直立，用水杓中殘餘的水洗杓柄。
6. 把水杓放回原位後，用乾淨的手帕等擦手。

親子遊景點推薦

▲ 「手水」是指在參拜神社之前淨手漱口，洗去塵世污濁的意思

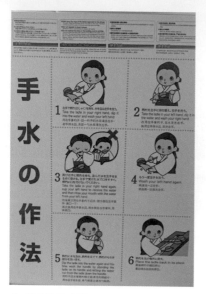

▲ 手水清洗方法

北海道在19世紀後期才進行開發，並於1869年才正式納入日本國的範圍。為了配合北海道的開發，日本明治天皇在1870年的時候於札幌市設置了一座「臨時神社」，下詔在東京為守護北海道開拓事業的三大神明舉行祀奉儀式。當時的開拓使長官東久世通禧及開拓判官島義勇便將祀奉「開拓三神」，隔年就在北海道神宮的現址大規模設立「札幌神社」。直到1964年，增祀明治天皇，才正式改名為目前的「北海道神宮」，成為北海道的「總守護神（總鎮守）」，受到日本國民的崇敬。

▶ 開拓神社

▲ 北海道神宮

　　神社的大殿曾於1974年一度被燒毀，於1978年重建。在北海道神宮，大國魂神是北海道國土之神，大那牟遲神是國土經營、開拓之神，少彥名神是國土經營、醫藥、造酒之神，而明治天皇則是奠定日本現代基礎的天皇。進入神宮不需要支付任何費用，不過在向神明祈求前，可以準備日幣5元的硬幣，因為日文中5元的發音與「緣」(Goen)相同，而

▼ 神宮內恰巧遇上結婚盛典

緣分的日文「御緣」也同樣發音為「Goen」。以此來與神明祈求，象徵與神結緣，讓神明實現你的所求！Hello Kitty迷可以在北海道神宮裡買到獨一無二的限定kitty御守，這裡還有許多別具特色的北海道神宮御守，北海道神宮的御守價格一般，大多位於500至2000日圓之間，可以送給家人朋友。

在神社參拜時，有二拜二拍手一拜的參拜方法，記住這個參拜方法的話，去任何神社都可以安心參拜了！參拜方法如下：

1.站在拜殿前輕輕一鞠躬後將手上的皮包等放在腳邊。

2.投幣至「賽錢箱」，相當於香油錢。

3.手放膝蓋兩側，深深鞠躬兩次。

4.合掌於胸前，左掌比右掌稍前移半根手指距離，十指接觸密合，以此方式拍手兩次。左掌表示神明，右掌表示自己，因此左掌稍前。

▼ 北海道神宮裡有販賣多種御守

5.拍手後保持合掌，閉眼心中默默祈禱。

6.祈禱後再一次手放膝蓋兩側深深鞠躬一次。

7.離開拜殿之前再輕輕鞠個躬。

想要抽籤的朋友可以在賣御守的地方抽籤，投入100日圓到箱子裡就可以拿一張籤，看不懂日語的朋友也不用擔心，可以抽「台灣語」標示的籤，完全可以看懂，是北海道神宮的貼心。若是抽到各種「吉」籤，可以選擇帶走，當作是神明給你的祝福，若是抽到比較不

▲ 二拜二拍手一拜的參拜方法

好的籤，可以把籤綁上去，留在神社裡，將神籤綁在規定之處，這就是大家看到的綁籤。留在寺廟，將壞運留在神社讓神明替你化解，另一種說法也是可以把凶籤在祭拜後帶在身上，有逢凶化吉的保護作用。雖依神社而異，籤大約可分7段階(大吉＞中吉＞小吉＞吉＞末吉＞凶＞大凶)和12段階(大吉＞中吉＞小吉＞吉＞半吉＞末吉＞末小吉＞凶＞小凶＞半凶＞末凶＞大凶)等的順序。

▲ 抽支好籤吧

 Info.

北海道神宮

⌂ 北海道札幌市中央區宮丘474(地鐵円山公園駅3號出口)

🕐 開放時間：自由參觀。

🚌 由地鐵東西線「円山公園」站徒步約15分鐘即可抵達。

　1. 由JR公車西14或西15「神宮前停留所」站徒步約1分鐘即可抵達。

　2. 自行開車：在道央自動車道「札幌南交流道」下高速公路，約30分鐘即可抵達。

要小心烏鴉的

圓山公園（円山公園）

▲ 圓山公園

我們今天在圓山公園被烏鴉攻擊了！是的，被烏鴉攻擊。

據研究現在日本烏鴉智商提高了很多，主要跟日本人的飲食有關，報導說烏鴉吃了這些有豐富營養的垃圾，聰明程度和繁殖速度都跟著提高了！聰明且囂張的烏鴉在日本幾乎沒有天敵且泛濫成災，不過日本政府及民眾為什麼放任烏鴉為所欲為？那是因為，與在中國烏鴉被視為厄運之兆不同，據說日本人對烏鴉的尊敬，可追溯到日本第一代的神武天皇。日本古籍書上曾記載，距今約2664年，第一位天皇神武天皇從宮崎

▲ 小心圓山公園的烏鴉

縣一帶東征奈良縣，一路激戰，到了和歌山縣熊野一帶的山林，獲天神派來的一隻烏鴉做武術指導，順利建立了朝廷。這隻烏鴉有3隻腳，被稱為「八咫烏」。在日本人眼中，烏鴉是一種「吉祥鳥」、「神鳥」、「立國神獸」。

回到今天的攻擊事件，我們參拜完北海道神宮，本想來個小野餐，把包了2層塑膠袋的食物放在木桌上，我此時還很愜意的拍著在旁邊徘徊的烏鴉。此時，聽到後面2桌的日本妹此起彼落的驚呼著，原來她們正被烏鴉攻擊，因為她們食物已打開準備食用，我們很警覺把東西拿了就準備離開。走著走著，忽然發現旁邊一隻烏鴉一直跟著我們，本不以為意，後來發現牠開始囂張飛近我們身邊，我們跑牠也快飛，結果這隻烏鴉毫不客氣的直接對準我的頭飛了下來，事情發生太快，沒感覺它是啄我？還是用爪子抓我？此時，孩子們打開雨傘趕它，這隻烏鴉看到雨傘走了！真的是像散步般走了！

▶ 小心烏鴉搶食
▼ 被攻擊的傷口

驚恐事件以為到了一個段落，殊不知我手往頭頂一摸，竟然在那短短3秒鐘，我流血受傷了！孩子幫我看說血流得還不少，不過用衛生紙擦時，血已經不流了！真是不幸中的大幸。擦了身上隨身攜帶的藥膏，趕緊把草帽戴上，手上的食物，趕緊放入大包中，最後是在公園的小圖書室內完成午餐。

有一說，哺乳期的烏鴉戒備心極強，烏鴉特別會保護雛鳥，只要感覺雛鳥安全受威脅，就可能會攻擊牠們認定的敵人。換句話說，不喜歡別人侵入地盤，若貿然接近有雛鳥的鳥巢，可能被誤認是有敵意行為

就有可能遭到攻擊。通常牠們會攻擊頭部，因為牠們對反光很敏感，但也可能會有例外。所以日本各地經常發生烏鴉騷擾行人的事件，使得許多路人在經過「危險路段」時，不得不戴帽子、撐雨傘或把書包頂在頭上。

後來聽在地人說，被烏鴉攻擊時正確的作法是「撐起傘」或「站住不要動，把兩手舉高」。為何要兩手舉高？因為兩隻手舉高，烏鴉會怕舉高的手會抓住他們的翅膀，當然若一開始戴著深色的帽子，應該也可以避免頭頂反光而被攻擊。有一種說法是，烏鴉會攻擊很強的生物(強い生き物)，因為烏鴉擔心會對牠們造成威脅。嗯……意思是我有很強的能量？可以自我安慰一下！不過，以後我會閃遠點，不再傻傻地對著牠們照相（不值得我為牠們留影）。

▼ 公園管理事務所

不費吹灰之力抵達的

//////////////////////////

圓山動物園（円山動物園）

　　離圓山公園走路10分鐘可抵達圓山動物園，是在1951年開業，為日本第10個動物園，春夏秋冬一年四季皆有營業。園內依照不同動物特性，分成數10個館區，室內戶外有多達上百種動物，屬性遍及熱帶至寒帶。天上飛的、海裡游的全看得到，模樣十分可愛，還有小朋友最愛的可愛動物區，可以近身撫摸超級可愛的小動物。

　　圓山動物園的招牌明星是北極熊，有自己的專館，活動空間也比其他動物大。北極熊和海獅、海狗們住在一起，要走到園區的最裡面，才能抵達北極熊專館。要採購大量北極熊商品的話，要到動物科學館裡購買，動物科學館位在園區入口處進來左手邊，或是順時針遊覽的出口處。

　　帶小孩子們來這裡慢慢觀賞，走走拍拍也要2~3小時，大人小孩一定都能留下難忘的回憶！

▲ 圓山動物園
▼ 圓山動物園指標

Info.

札幌市圓山動物園（札幌市円山動物園）

⌂　札幌市中央區宮ヶ丘 3 番地 1

🚗

1. 在地鐵「圓山公園站」下車，步行約 15 分鐘或在 JR 巴士動物園線 [円 15] 的動物園前站下車即達

2. 圓山公園站→圓山動物園正門前→大倉山競技場之間有循環巴士運行。

🕐 前往時請查官網運行期間，9:30~16:30 每隔 30 分鐘(圓山公園巴士總站 4 號月台發車)

🕐 圓山動物園營業時間：
3 月 -10 月 9:30 ～ 16:30
11 月 -2 月 9:30 ～ 16:00 為止
公休日：每月第二、四個星期三

@ https://www.city.sapporo.jp/zoo/ (詳情以網站查詢為準)

札幌資料館

歷史與藝術的融合

　　札幌市資料館是佇立於大通公園西端的莊嚴洋樓，夾在公園之間，與東端聳立的札幌電視塔面對面而立。因此，從資料館方向看到的公園風景和從電視塔方向看到的剛好相反，這裡還有種滿各種玫瑰的公園西12丁目，沉降式庭園宛如資料館的前院。在花兒旺季，從庭園向石制的資料館眺望時，類似在歐洲旅行的氛圍，享受風味別致的公園風景，入館免費且附設咖啡館，在大通公園散步途中到這裡歇一會兒最合適不過了。札幌冰雪節等活動的時候，也可以去借用洗手間。

▲ 大通公園西 12 丁目的玫瑰公園

▲ 札幌資料館

▲ 存放完整大通公園歷史

▼ 刑事法庭展示室

這是一座由軟石建造的建築物。這座建築物是1926年大正末期時，作為札幌訴訟院建造的。所謂的訴訟院就是現在所說的高等法院，1973年以前所有刑事和民事案件的審判都在這裡進行。入口處上方雕刻的蒙眼女神像，代表用「心」這個眼睛來審判，象徵公正無私的法官精神。

這座按照當時的樣子被保留下來的建築物，許多地方都殘留著法院的痕跡。法院的功能廢止之後，該建築物仍被原樣保留，採用札幌軟石建造的外牆，烘托了那種歷史的莊重感。從南區的石山開採出的這種軟石，不僅柔軟易於加工，防火方面也有絕對優勢，因而作為有價值的當地自產建材支撐著開拓期的北海道。現在這裡改為資料館，展示戰前法庭的情景和城鎮歷史等，戰前國內只有8個地方建有訴訟院，現存的只剩名古屋和札幌兩處了，完好保存當時面貌，也保存了著讓人感受到歷史分量的軟石材質， 1997年被登錄為北海道首個有形文化遺產。

1樓的刑事法庭展示室，再現了戰前的法庭。在那裡可以切身感受到審判的氛圍，向工作人員或者志願者嚮導打聲招呼的話，還可以穿法官服拍紀念照哦。另外，2樓的單間被作為畫廊使用，自從在2014年的札幌國際藝術節中，作為中樞機構被眾人熟知後，也開始肩負了藝術傳播據點的重任。在雅趣濃厚的建築物中，感受歷史的分量和最新的藝術吧。

雖然這裡很少被列入必去觀光景點之中，但絕對值得一去。

Info.

札幌市資料館

⌂ 北海道札幌市中央區大通西 13 丁目

$ 免費

⊙ 營業時間 :9:00am-7:00pm
公休日 :每週二（節假日公休日為第二天）、12 月 29 日 - 次年 1 月 3 日

🚇 地鐵西 11 丁目站

@ http://www.s-shiryokan.jp/
（詳情以官網資訊為準）

二條市場

////////////////////////////////

大啖鮮物

　　二條市場的歷史相當悠久，最早是在明治天皇初期，因石狩浜的漁夫開始在這裡賣海鮮而聚集，後來越來越多商家和小吃店進駐，規模也越來越大，成就了現在最多觀光客聚集於札幌的知名魚市景點。二條市場就位於狸小路旁，這裡有許多店家、餐廳，有新鮮的海鮮、水果、乾貨之外，一定要在二條市場享用知名的海鮮丼，因為海鮮又美味且划算。如果想吃螃蟹，北海道的「松葉蟹」、「帝王蟹」、「毛蟹」再加上「花蟹」，這邊通通都有。二條市場這裡可以點整隻活帝王蟹來吃，大的一隻要台幣一萬多元，趕緊找一家吃到飽的大閘蟹餐廳吃晚餐，隔天再來二條吃海鮮丼，留下深刻的北海道味覺回憶。

◀ 二條市場—大磯

▲ 鮮食滿分的二條市場　　　　　　　▲ 大磯招牌三色丼

　　二條市場是海鮮的一級戰區，帝王蟹、海膽、扇貝、鮭魚卵、甜蝦、干貝等等，叫得出名字的這都買得到，活的或做成乾貨的通通有。除了販售新鮮的魚貨之外，還有草莓、哈密瓜、玉米等北海道名產，想買特別的北海道伴手禮，可以考慮這裡最大宗的醃漬類製品，也推薦超下酒的扇貝零食當伴手禮。在日本買東西，價格都差不多，不管跟哪一攤買，價格不會差太多，可以安心購物。

　　二條市場一大早就開始營業，建議安排來這裡吃早餐。推薦超好吃海鮮三色丼飯，還有大磯，生意好到總是在排隊，去過的人都說好吃！點餐看不懂也不用擔心，有圖片可參考，門口還擺有食物模型，這就是為什麼我們日文零基礎，還敢趴趴走的原因，不會日文不會餓死，還可以享盡美食。來到北海道，唯一需要煩惱的就是決定要吃什麼，因為每種看起來都有夠好吃的啊！

Info.

二條市場

🚗 地鐵南北線／東西線／東豐線「大通」站 34 號出口，步行約 7 分鐘
地鐵南北線「薄野」站（すすきの駅）下車，步行約 8 分鐘
地鐵南東豐線「豐水薄野」站（豐水すすきの駅）下車，步行 6 分鐘

二條市場 大磯

🏠 北海道札幌市中央區南 3 條東 2 丁目
🕐 7:00-19:00、[星 期 日 及 假 日]7:00-16:00

和牛吃到飽的
////////////////////////

北海道燒肉

　　日本和牛聞名世界，其中又屬黑毛和牛的品質特別優良。北海道產的黑毛和牛非常知名，札幌和牛的吃法是將黑毛和牛厚切成正六面型的骰子狀，在火力較強的鐵盤中間先將每一面都烤至變色，再移到旁邊火力較弱的地方，慢慢將內部烤成自己喜愛的熟度。不光是骰子牛，北海道產黑毛和牛的其他部位也是不可以錯過的菜色，如：牛臀、腰間肉、特選沙朗、菲力等。

　　來到北海道不妨帶著孩子來奢侈一次，選一間有提供骰子牛排和飲料喝到飽的和牛燒肉店，大快朵頤一翻！

　　這次我們到狸小路2丁目附近的餐廳，享用北海道和牛吃到飽，有套餐和單點，吃到飽通常有價格不同的方案，可以根據自己的預算來選擇，大多有中文菜單，可以放心點餐。

　　以下是我們吃燒肉吃到飽的經驗（每家餐廳不同，可先上網查詢）：

1. 用餐時間：90分鐘(結束前20分鐘作最後加點)，一入座就開始計算時間。
2. 會先上一盤牛、豬、雞肉拼盤，給的份量剛剛好，肉質很棒，牛肉是和牛。
3. 其他麵類、飯類、湯類……等料理。
4. 第2輪加點想吃的肉品和海鮮，一次最多點5盤，吃完再點。
5. 飲料選擇無限暢飲以杯換杯的方式。
6. 桌上有FAM特製燒肉沾醬、檸檬汁、韓式辣醬、蒜泥、海鹽。
7. 吃到飽不限點幾次甜點，想先吃甜點也可以先點。
8. 需要服務搖鈴即可。

▼ 和牛吃到飽

索朗祭

//////////////////

熱情歡樂的夏季祭典

　　北海道YOSAKOI索朗祭，是在北方大地札幌初夏時，無論舞者或觀眾，以至大街小巷都洋溢著興奮與歡樂的祭典。結合日本著名的高知縣YOSAKOI祭與北海道民謠索朗節的祭典，是札幌夏季祭典的一大盛事，祭典在北海道札幌市內的大約20個會場舉辦。眾多的參加隊伍手持稱為鳴子的一種傳統樂器和扇子、大旗等，隨著音樂節奏表演舞蹈。

　　「對於從開拓時代至今，只有150年短暫歷史的北海道來說，一直沒有一個全民同慶的盛大節慶！」在1991年一位學生走訪了四國的小鎮，被高知縣YOSAKOI祭的盛況所感動，於是就誕生了屬於札幌的YOSAKOI索朗祭。該節日由100名學生共同開創，將高知縣YOSAKOI祭與北海道民謠索朗祭結合，並在此基礎上發展為舞者、觀眾一起狂歡的全城歡慶活動。1992年第一次舉辦時，共有10支隊伍和20萬名觀眾參與；2008年則發展到330支隊伍、33,000人參加，觀眾人數有200萬人的龐大規模。YOSAKOI索朗祭和冬天舉辦的「札幌雪祭」並列為札幌盛大節慶。

　　活動主要看點是參加隊伍親手製作的服裝和精心編排的舞蹈。規則是參加隊員必須手持「鳴子」，它是一種類似響板的樂器，流傳於北海道日本海沿岸的古老民謠，並在原創樂曲中加入「索朗」民謠作為歌詞，歌者屈膝和深深彎腰的舞蹈，是模擬北海道漁民捕獲鯡魚時的動作。

▼ JR 車站索朗祭會場

想要參與索朗祭盛會，建議先上索朗祭官方網站查詢，根據每年舉辦的時間來規劃行程。我們是參加第28屆的索朗祭，有來自國內外的280組隊伍、共計約2萬8000人，一同在札幌市內的19個會場展現舞蹈表演。今年的主題是「祭典、祭典唷」，於6月7日晚間6點，在大通西8丁目的舞台上，以新主題曲《祭典！WAASHOI》（日文為：祭りだ！和っしょい）的樂聲，伴隨著「鳴子」的聲響，約有120名居住在札幌市近郊的學生在此登場，身穿色彩繽紛的服裝來點綴開幕之舞。在約3分40秒的舞蹈表演中，觀眾們皆聚精會神地注視著舞台。朝日新聞報導，現年20歲的舞者表示：「令和時代首次舉辦的祭典，在跳舞時抱持著想要藉由學生們來炒熱現場氣氛的想法。我認為是有替祭典增添了幾分活力。」參加隊伍有來日本全國各地的200支隊伍參加，每一支隊伍的舞蹈編排、配樂選擇、服裝及化妝等都各有特色，令人目不暇給。

　　1支隊伍最多由150名隊員組成，參加的隊伍種類繁多，有許多孩子組成的可愛型隊伍，有全部由年輕男子組成的力量型隊伍，有男女搭配的輕歌慢舞，還有來自北海道以外的其他地區的隊伍，還出現了由外國人組成的隊伍，十分有特色。這次讓我掉下眼淚的是由喜憨兒寶寶組成的隊伍，看這群小朋友認真、心無旁鶩的認真做一件事的態度，凡是當

▲ 紅磚廳舍會場

▲ 大通公園會場　　　　　　　　　　　▲ 大通公園美食攤位

媽的一定會感動。參加隊伍的舞蹈會經過評審，以決定年度大獎「索朗大獎」花落誰家。

　　祭典在札幌市內的大約20個會場中舉辦，各個會場的舉辦日程都有所不同。在札幌市中央區大通西5至10丁目，全長500公尺的大道上表演舞的蹈震撼力滿滿，算是祭典的主要會場，在舉辦期間每天都會有舞蹈表演，參加活動的隊伍都有一次登台表演的機會，想要觀看舞台表演的話，舞台前有可以容納700名觀眾的免費觀賞空間，可以坐下來觀看表演。主舞台在大通公園，這裡有視野最好的購票觀賞區，可以購買1張1000日圓起的特別觀覽席，或購買一張收費500日圓以上的臨時座席，也有免費的自由觀賞區，在公園裡有很多美食攤位，不怕餓肚子。

　　活動期間在大通公園有參賽隊伍舞蹈表演遊行，是不可錯過的精彩看點，免費觀看的區域是在沒有設置臨時座席的西9丁目和10丁目周圍，進入這個免費觀賞空間時，必須在南北兩方的入場口排隊等候。

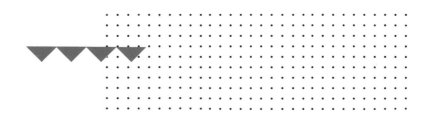

索朗祭力與美的側記

❶ 來自四面八方的參賽隊伍湧入札
幌，使一房難求，房價也水漲船高

❷ 等候遊行的參賽隊伍引導車

❸ 就定位準備熱情奔放

❹ 大旗是索朗舞必備舞具之一

❺ 參賽隊伍

❻ 各式各樣隊伍服裝

❼ 平岸天神，索朗祭競賽的常勝軍

❽ 男女老少熱情參與盛典

❾ 大通會場設有超大螢幕可以觀賞

❿ 翔舞龍神隊

⓫ 這就叫做熱情奔放

⓬ 非常熱情的貓咪

⓭ 力與美的結合

⓮ 付費的特別觀賞席

⓯ 大通公園會場

⓰ 在地北海道大學參賽隊伍

⓱ 超高的換裝技巧，每一小段5~10分鐘的遊行表演，認真的態度讓人打
從心裡佩服及感動

—— Info. ——

北海道 YOSAKOI 索朗祭

⌂ 北海道札幌市中央區大通西 8 丁目，大通公園等約 20 個會場

🚗 從大通站步行 3 分鐘

🕐 舉辦期間：每年祭典時間約在 6 月

$ 免費及部分有料座席

@ https://www.yosakoi-soran.jp/

札幌雪祭

/////////////////////

雪白驚艷的冬季祭典

　　札幌雪祭始於1950年，由當地的中學生和高中生在大通公園製作了6座雪像，同時也舉辦打雪仗大賽、雪像展、狂歡節等活動，當時約有5萬多人參加，受歡迎的程度完全超乎預期之外。此後，雪祭便成為札幌市民在冬季例行的重要活動。北海道最吸引人的札幌雪祭，2022年因為疫情被迫停辦，札幌雪祭實行委員會宣布2023年（第73屆）確定大復活！第74屆的札幌雪祭，於2024年2月4日到2月11日開始為期8天，強烈建議一定……一定要帶孩子去一趟，拍胸脯保證必定是永生難忘的親子之旅。

大通會場	榮町TSUDOME會場	薄野會場
此會場是位於札幌市中心的大通公園內，呈東西走向橫切市區，可在這1.5公里的會場中觀賞到雪和冰所創造而成的夢幻世界。雕刻家利用純白無瑕的雪與晶瑩剔透的冰雕成的藝術作品，讓觀賞者可藉著作品感受到作者們所要傳達的訊息，每座雕像表現得精巧生動，使整個札幌雪祭充滿魅力及可看性。	為了讓大人和小孩都有機會享受在北海道大自然中玩雪的樂趣，提供了各種用雪做的溜滑梯和滑雪遊艇等遊樂設施。且在館內設有大規模的休息區及飲食區，並有廣場可讓孩童自由遊玩。所以這裡是個可充分享受北海道冬季魅力的好去處。	展示有毛蟹和鮭魚凍在冰塊裡的冰雕，以及由參加比賽的冰雕選手製作的作品等，各種具有幻想力的冰雕。1953年首次製作了高度為15公尺的大雪像「昇天」。1955年，自衛隊加入製作作業並挑戰了大規模雪像的製作。1959年第10屆時更動員了2500人參與雪像製作，當時由於首次披露在電視和報紙上，因此從第二年開始便有很多觀光客從本州前來參觀，盛況空前。就這樣，札幌雪祭逐漸發展成日本全國性的雪祭。
會場：大通公園1～12丁目 打燈至22:00	會場：札幌市體育交流設施COMMUNITY DOME 舉辦時間：9：00～17：00	會場：南4條通～南7條通的西4丁目線市道 打燈至23：00 ※最後一天至22：00
1.好有FU的汽車雪雕	1.超多迷你的小雪人	1.雪的女王

2.深受喜愛的吉卜力

2.排隊進入滑雪道

2.薄野會場以冰雕為主

3.LOVE

3.小孩最愛的TSUDOME
會場

4.台灣每年都會有雪雕作
品參加雪祭

4.來乘坐小火車吧

5.晚上點燈的雪雕

5.晚上點燈的雪雕

官網: http://snowfes.com

第一次帶孩子去北海道就是為了札幌雪祭,之後,好幾組家庭也隨著我們的腳步累積出冬季北海道的好口碑,事隔多年,在我們這次夏季親子樂遊後,讓我們興起再次回味冬天札幌雪祭的念頭。我們已經買了明年雪祭的機票,準備舊地重遊再訪札幌雪祭,屆時必定精彩可期,與各位愛孩子的爸媽一起見證我們成為北海道親子樂遊的旅遊達人!

| 加 | 映 | 場 |
時光小旅行 - 歷史文化景點

□ **三吉神社**──當地人最愛去的神社，**在地推薦**

□ **伏見稻荷神社**──北海道唯一稻荷神社

□ **時計台**──國之有形文化財

□ **北海道神宮**──北海道知名神社

□ **北海道廳舊廳本社**──巴洛克式歷史建築

□ **北海道大學**──日本境內學校用地最大的北海道大學

□ **札幌市資料館**──國之有形文化財

❶ 札幌最古老神社：三吉神社

　　三吉神社位於建築物與建築物之間，鮮少觀光客知道這裡，但是這裡是當地人最愛去的神社，也是在札幌建造的第一間神社唷！每年5月14日、15日會舉辦例大祭，可以欣賞到神輿巡迴，以及有許多小吃攤位，非常熱鬧！

三吉神社

⌂ 札幌市中央區南1條西8丁目

🚗 札幌市電「西8丁目」站下車，步行約2分鐘

❷ 北海道唯一稻荷神社：伏見稻荷神社

　　札幌市內的伏見稻荷神社，是從京都伏見稻荷大社分靈過來的神社。美麗的朱紅色鳥居延伸到盡頭，超過100年歷史的神社境內，春天賞櫻，夏天乘涼、秋天賞楓、冬天賞雪，四季不同的景色與朱紅鳥居相映，是絕佳的拍攝場所！主要供俸「生意興隆、學業成就、結緣」的神祇，趕緊進來參拜一下吧。

伏見稻荷神社

⌂ 札幌市中央區伏見2丁目2-17

🚃 (1) 札幌市電「ロープウェイ入口（纜車入口）」站下車，步行約20分鐘
　　(2) 地鐵円山公園站旁邊有巴士站，搭円山公園駅前行巴士，大約15分鐘在
　　　　伏見町高台下車

❸ 時計台

　　建於1876年，是現今北海道大學前身札幌農學校演武場（示範場）的札幌里程碑「時計台」，已是國家文化財。每次整點時即會響鐘、入夜時還會有點燈，多年來就如此靜靜地守護著市民，已是札幌相當重要的象徵。

⌂ 札幌市中央區北1條西2丁目

🚃 時計台位於札幌地鐵站跟大通地鐵站的中間，比較靠近大通站。或從JR札幌站慢慢走過來的，約10分鐘路程

❹ 北海道神宮

　　在北海道開拓之年(1869年)興建完成的北海道神宮，是北海道代表知名神社。因神社內種有1400株櫻花樹，若是春天到訪參拜的話，不妨順道賞花。

⌂ 北海道札幌市中央區宮之丘474

🚃 距離北海道神宮最近的車站是地下鐵東西線的「円山公園」站，從札幌站出發的話需要經由大通轉車，大約只需花費15分鐘左右的時間

❺ 北海道廳舊廳本社

　　1888年建造的「北海道廳舊廳本社」，是棟有著美國風情巴洛克式設計的歷史建築。平時的展示皆免費，有時也會在歷史資料室舉辦展覽。

⌂ 札幌市中央區北3條西6丁目
🚗 地鐵南北線/東豐線/JR線「札幌」站下車，步行8分鐘或地鐵南北線/東西線「大通」站下車，步行9分鐘

❻ 北海道大學

　　日本境內學校腹地最大的就是北海道大學。入秋之後，紅葉季節則會出現金碧輝煌的銀杏大道，吸引許多觀光客進入校園欣賞。

⌂ 北海道札幌市北區北8條西5丁目
🚗 JR「札幌」站中央北口徒步約10分鐘

▲ 北海道大學

❼ 札幌市資料館

　　曾作為裁判所的「札幌市資料館」是國之有形文化財之一。現今則是作為藝術文化發散地，在館內展示著對一般人開放的展覽。也因館內種有櫻花樹，在春天也有人會特地前往賞花。

⌂　北海道札幌市中央區大通西13丁目

🚗
(1) 地鐵東西線「西11丁目」站下車，步行5分鐘
(2) 市電「中央區役所前」站、「西15丁目」站下車，均需步行6分鐘
(3) 從地鐵南北線/東豐線/JR線「札幌」站乘坐中央巴士/JR北海道巴士到「北1條西12丁目」站下車，步行2分鐘

▲ 札幌市資料館

｜加｜映｜場｜
公園放風去

☐ **旭山紀念公園**──賞夕陽美景

☐ **大通公園**──都市綠洲

☐ **莫埃來沼公園**──自然藝術

☐ **國營瀧野鈴蘭丘陵公園**──設施玩不盡

❶ 旭山紀念公園

　　就在藻岩山的附近，並非道北的旭川。旭山紀念公園除了擁有占地廣大的綠地外，也是札幌人看夜景的好去處，站在高處的展望台上鳥瞰札幌夜色真的十分壯觀，甚至連日本海都能一覽無遺。公園同時也有不少兒童使用的設施，可安排下午來公園遊玩並欣賞夕陽及夜景。

🕐 10：00-17：00

💲 免費

⌂ 札幌市中央區界川4丁目

🚗 （1）札幌市電「西線9條旭山公園通」站下車，步行約30分鐘

　　（2）搭乘地鐵到圓山公園站，再轉乘巴士〔圓14〕到「旭山公園前」下車步行約4分鐘

❷ 大通公園

　　作為一處休息場域是相當受到市民喜愛的「大通公園」，將札幌中心沿著大通路南北劃分開來而建設的公園。因為是札幌雪祭或是其他季節活動的舉辦場地，所以園內經常十分熱鬧。

⌂ 札幌市中央區大通西1～12丁目

🚗 （1）可搭JR至JR札幌站，以地鐵、巴士或徒步方式至大通公園

（2）地下鐵東西線「大通站」、「西11丁目站」
　　　下車
（3）地下鐵南北線「大通站」下車
（4）地下鐵東豐線「大通站」下車
（5）「大通公園站」至大通公園的地下鐵出口：
　　　2號出口(5丁目)
　　　5號出口(4丁目)
　　　6號出口(3丁目)
　　　8號出口(3丁目) ※有電梯
　　　27號出口(1丁目)
（6）「西11丁目站」至大通公園的地鐵出口：
　　　1號出口(11丁目)
　　　4號出口(10丁目)

大通公園 ▶

❸ 莫埃來沼公園

　　雕刻界大師野口勇所設計的莫埃來沼公園，是利用廢棄物填造而成，充滿藝術性的公園。因應四季而有不同魅力的莫埃來沼公園，是呼應自然與藝術的獨特空間。

🏠 札幌市東區莫埃來沼公園1-1
🚌 從地鐵東豐線「環狀通東」站乘坐中央巴士（東69/東79）到「MOERE沼公園東口」站下車即是 ※限期開通的巴士路線

❹ 國營瀧野鈴蘭丘陵公園

　　從札幌車站搭地鐵30分鐘，再加上巴士30分鐘，總計交通時間需約1小時，備有一整天也玩不完的體育設施，特別推薦給親子一同旅行的讀者。

🏠 札幌市南區滝野247
🚌 地鐵「真駒內站」2號站牌，搭乘中央巴士滝野線[真106]前往すずらん公園東口（鈴蘭公園東口）
　地鐵「福住站」6號站牌，搭乘中央巴士有明線[福 87]前往すずらん公園東口（鈴蘭公園東口）

｜加｜映｜場｜
日本文化深度之旅

☐ **札幌藝術之森野外美術館**——靜謐的幽雅森林

☐ **白色戀人公園**——體驗參觀

☐ **札幌啤酒博物館**——瞭解啤酒做法

❶ 札幌藝術之森 - 野外美術館

希望呼吸札幌自然空氣的人，那就稍微遠離繁榮街區，來到搭電車需20分鐘，再加上巴士約15分鐘車程的札幌藝術之森野外美術館吧。

⌂ 札幌市南區藝術之森2-75

🚌 地鐵南北線「真駒內站」中央巴士2號乘車場乘坐巴士約15分鐘

▶札幌藝術之森

❷ 白色戀人公園

北海道的餅乾「白色戀人」，是用兩塊餅乾包裹白巧克力的點心。在白色戀人公園內也有針對觀光客推出的工廠參觀行程。

⌂ 札幌市西區宮之澤2-2-11-36

🚌 乘坐地鐵東西線到終點站-宮之澤下車，再步行約10分鐘

▲ 白色戀人公園

❸ 札幌啤酒博物館

　　可參觀啤酒製作方法的「札幌啤酒博物館」，有推出即便不會日文也能輕鬆享受的行程。其中有免費及付費的導覽行程，也有付費的試飲服務。

⌂ 札幌市東區北7條東9丁目1-1

🚗 從札幌站搭東豐線往東區役所前站，步行10分鐘

▶ 札幌啤酒博物館

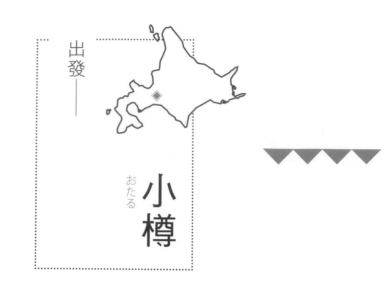

出發——

おたる
小樽

三角市場

///////////////////////////////////

品嚐豪華海鮮丼飯

　　從小樽JR車站出來，向左直走（背
對車站）不到2分鐘，走一小段樓梯上
去，就可以看到三角市場。三角市場的
規模不大，因為土地及屋頂都呈現三角
的形狀而得名，若只逛不買，短短20
分鐘就可以逛完。三角市場有便宜又新
鮮的各種海鮮，還有很多店家可享用高
CP值的海鮮蓋飯。

▲ 走一小段樓梯上去即抵達三角市場

◀ 三角市場

▼ 三角市場海鮮大賞

▲ 滝波食堂

　　這次早餐選擇三角市場的名店：滝波食堂，口碑真不是騙人的。以平價海鮮丼、新鮮生魚片、便宜定食為主打，這次點了豪華海鮮丼飯、生魚片、烤扇貝等，吃的孩子滋滋叫，既新鮮又口感滿分，而且CP值很高，超級推薦！也能理解為何總是有長長的排隊人龍。

　　飽餐一頓之後，往小樽運河方向前去。JR小樽站前，有超好買的激安殿堂，旁邊也有Lawson便利商店。若有在小樽過夜，可以考慮在唐吉軻德驚安殿堂賣場補貨，這間激安殿堂賣場有販賣熟食，晚上就可以在這邊採購零食飲料，非常方便。

┌─────────── Info. 📷 ───────────┐

三角市場

⌂ 北海道小樽市稻穗 3-10-16

🚗 JR 函館本線「小樽駅」前步行 2
　　分鐘內

@ http://otaru-sankaku.com/

 ▶ 三角市場另一頭出入口

┌─────── Info. 📷 ───────┐

激安殿堂 - 小樽店

⌂ 小樽市稻穗 2-20-1

🚗 JR 函館本線「小樽駅」前步行
　　5 分鐘內

🕐 9:00 ~ 21:00

@ http://www.donki.com/store/
　　shop_detail.php?shop_id=268

來一趟鐵道漫步

/////////////////////////

舊手宮線鐵道遺址

在三角市場飽餐一頓之後，就朝著小樽運河方向前去，沿著正前方的中央通一路直走，途中會經到舊國鐵手宮線遺址，是鐵道迷不能錯過的景點。這條手宮線是1880年由美國人所興建的，算是北海道的第一段鐵路，曾是載運旅客及民生物資的重要線道，現在被保存為一座綠意盎然的城市公園，可以說是從JR小樽站出發第一個景點。

▶ JR 小樽車站出來之後，朝著小樽運河方向走

有時間的話可以沿著鐵道慢慢逛，附近還保有當時的建築。日本人對於鐵路遺址的保存，真是不遺餘力。這裡的旅客不會太多，可以輕鬆步行，小孩跑跑跳跳的好地方，沿着軌道穿過城鎮，把腦袋放空，欣賞兩邊住家種的花花草草，與孩子們沐浴在陽光微風中。景點有立牌介紹了這個地方的歷史，爸媽可以現學現賣，沿著鐵道趁機跟孩子說說「鐵道的故事」。這是從小樽到札幌的第一條鐵路路線，從19世紀末一直用到1985年，舊手宮線在北海道的歷史上扮演重要角色，也是小樽發展的一個紀錄，日本人開拓北海道的歷史見證。

▲ 可以跟孩子說說「鐵道的故事」

▲ 舊國鐵手宮線遺址

RAIL SIDE 鐵路邊

//////////////////////////

精緻小巧的商店

　　從舊手宮線遺址繼續往前走不到3分鐘，會看到一家非常小巧可愛、販賣各式各樣玻璃飾品的小巧商店，為什麼我會特別提及這家店呢？每樣東西看起來都好可愛，我們不斷讚嘆設計者的巧思，彷彿來到新世界，但若回程來看這家店，就是普通了。因為小樽堺町通商店也有許多相似的玻璃飾品，另一個原因是，這家店小而美，物品集中分類的方式很有巧思，符合「少即是多」的精選購物原則，很好找到心儀的飾品。帶小孩逛玻璃飾品店，要特別留意孩子的行為，不要隨意觸碰易碎品，而且爸媽的後背包最好往前背著，因為後面背包不長眼，會掃落易碎物，還是小心為妙。

▶ 門口的擺設吸引我的目光
▼ RAIL SIDE 小巧商店

我們是在回程時，才在RAIL SIDE開買，選購一些玻璃製品，耳環、戒指、海豚玻璃飾品作為紀念品。紀念品在旅行中也佔有一席之地，是旅行記憶中非常重要的一環，不管是你是血拼購物、或者是買一些小飾品，當你穿戴上這些旅行購得的衣物時，都可以回想到當初購買這些的情境與心情，等於是一個把旅行記憶穿戴在身上的概念，很是值得！

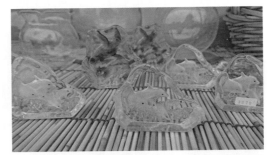

▲ 海豚玻璃

▲ 玻璃飾品

▼ 小樽街道上的郵筒

▲ 將旅行記憶穿戴在身上

運河廣場 (PLAZA)

//////////////////////////

整裝再出發

　　在中央通盡頭中央橋的交叉路口，門口有隻消防犬紀念碑守護的小樽運河廣場，是一棟歷史建築物。這裡不同於小樽車站內的旅客服務中心，運河廣場(PLAZA)內有商店、餐廳，售有當地土產、手工藝製品、洋菓子等多種商品，以及小樽觀光案內所，其中會有說外語的服務員提供小樽旅遊的免費資訊，還附有咖啡廳喔，是一間複合式的觀光案內所，走到這裡可以先進來，上個洗手間整裝再出發！

▲ 運河廣場 (PLAZA) 也是著名的歷史建築

Info.

小樽運河 PLAZA

⌂ 北海道小樽市色内 2 丁目 1-20

🕘 9:00 ～ 18:00（七、八月營業至 19:00）
公休日：1 月 1 日

▼ 不怕冷的鴨鴨

▼ 天穿上暖衣的消防犬

小樽運河

//////////////////////////////

風景美如畫

▲ 小樽運河

　　小樽運河廣場過馬路，對岸就是中央橋，是小樽運河的開逛起點，小樽運河遊船的售票處也就在旁邊。

▼ 中央橋

小樽運河於大正12年（西元1923年）完工，小樽運河是在海岸線外，填海造地形成的人工島，經過開鑿而成的運河，寬度 20-40 公尺，運河主要是將入港的貨物輸送至倉庫儲存之用。隨著小樽港口地位被取代，運河也失去原本運輸的功用。運河航運功能結束後，於昭和61年（西元1986年）掩埋部份區段後，整修成目前看到的散步路線和街景，也是小樽觀光亮點。水路沿岸有古老的倉庫林立，是一個具有歷史氣息的地方，運河沿岸的散步路線，設置了60幾座的煤氣燈，黃昏之後會點燈，照亮運河與石造倉庫群，展現出有別於白天的不同氣氛。

▼ 小樽運河遊船

▼ 冬季的小樽運河

▲ 貨物輸送樞紐

　　中央橋和旁邊的「淺草橋」之間，是最佳的散步路線。走在運河沿岸的「運河散步道路」上，可以感受懷舊風情。不妨以這座中央橋頭作為起點，從小樽運河的中央橋橋頭端拍照。運河畔設有全長1120公尺的散步小徑，路邊有記錄著小樽歷史的浮雕版畫、人物紀念碑，小樽運河旁有展示一些藝術家的作品，可以購買作為紀念。今天看到用鋁罐做出的風車、腳踏車，也能化腐朽為神奇的變成帽子；這裡也有街頭藝術家彈吉他販賣自己錄製的CD，以及一些創意作品。

▼ 彈吉他的街頭藝術家

▼ 鋁罐棒球帽

現今運河旁原本用來儲貨用的倉庫，搖身一變成為餐廳、商店或是博物館的聚集地，用來作為觀光用途。運河沿岸的紅磚倉庫和煤油路燈，也讓運河景致增添了許多浪漫的氣氛，小樽運河拍照起來非常好看，主要是因為它的兩旁懷舊倉庫加上運河倒影，四周古風盎然，散發懷舊鄉愁，拍照起來真的是美如一幅渾然天成的風景畫。

▲ 渾然天成的風景畫
▼ 小樽運河食堂

堺町通商店街

//////////////////////
驚艷散策

　　逛完小樽運河之後大概花了40分鐘，因為我們慢慢地散步欣賞小樽運河風光，拍照也是旅行的重要活動，要照出一張滿意的照片，除了本身取景之外，還需要光線、風向等周遭環境條件配合，瞬間按下快門的那秒，也是旅行欣喜的滿足點。

　　接下來，就要前往小樽堺町通商店街、大正硝子館等景點，我們沿著倉庫區走去，走在大弄小巷間，可以閒逛欣賞商店小物及餵飽五臟廟。

❶ 小樽堺町通商店街

　　堺町通是小樽最熱鬧的街道，如果想在小樽一次解決美食與購物的需求的話，就來到隔著小樽運河一條街的「堺町通」，從「日本銀行舊小樽支店」的北華爾街到童話十字路口，大約900公尺的單行道路，兩側林立著利用古老的店家，或是建築改造的店家等各種商店。這裡至今保留了大正及昭和時代的建築，參雜歐風小屋、石造倉庫，充滿著異國復古風情，美食雜貨應有盡有的購物景點，但復古的迷人歐風街景，是堺町通最佳代言人。

▼ 堺町通有各種商店

▲ 小樽限定史努比

▲ 冬天的小樽堺町通

　　這條道路上有「北一硝子」、「大正硝子館」等等，小樽代表性的玻璃工藝品店，也有像是「小樽音樂盒堂」等在地知名商店，可以好好逛逛欣賞在地商品以及購買伴手禮。這裡好吃的壽司店或是海鮮蓋飯店家也很多，非常適合來這裡享用午餐。

　　除此之外，「六花亭」、「北菓樓」、「Letao」等甜點店也聚集於此，來個甜點之旅也不錯。大部份的店都開到傍晚而已，很多商店於18：00～19：00打烊，所以購物最好趁白天前往，才不會向隅。

▼ 木刻小物

▼ 銅刻貓頭鷹

Info. 📷

堺町通商店街

🚌 JR 小樽駅徒步約 15 ～ 20 分
🏠 北海道小樽市堺町
　　最近車站南小樽站（函館線）徒步 10 分
@ https://otaru-sakaimachi.com/

❷ LeTAO 洋菓子店

　　LeTAO洋菓子店在堺町通上有多家分店，而如同夢幻城堡般的本店就座落於童話十字路口。「LeTAO」一詞取自法文「La Tour Amitié Otaru（小樽之塔）」的字母縮寫，更與小樽的日文發音「OTARU」有對稱之趣味。最值得一嚐的便是聲名遠播的LeTAO雙層起士蛋糕了！所使用的起司具有相當柔和且清爽的香甜味，在口中如冰淇淋般立即化開，是一道相當細緻的甜點。另外也特別推薦一款名為Venezia Rendez-vous的起司塔，除了濃郁的起司內餡，香酥的金黃派皮也堪稱一絕。

　　在PATHOS內LeTAO專賣店買了招牌布丁外帶，看人家的包裝功夫，還附保冷袋又提醒要2小時內吃完，貼心滿分。

▼ PATHOS 布丁

Info.

LeTAO 洋菓子店

⌂ 北海道小樽市堺町 7 番 16 号
🕐 9:00 ~ 18:00（二樓 Café 提前半小時打烊）
@ https://www.letao.jp/

❸ 大正硝子館

　　除了小樽運河外，小樽居民以前是以捕抓太平洋鯡魚的捕漁業為主，當時的浮標、石油燈等道具都需要使用玻璃製作，因此連帶促使玻璃製造業興盛了起來。

　　於1901年創立的專門製作石油燈的店家「淺原硝子」，也就是「北一硝子」的前身，日本的港口和倉庫，總是與玻璃工藝品這個浪漫的傳統文化脫離不了關係，小樽運河旁的大正硝子館印證了玻璃與港口的關係。大正硝子館位於運河旁的大馬路上，現在的「北一硝子」以多樣又精緻的玻璃器具聞名世界。在堺町通上隨處可見「北一」的招牌，包括釀酒倉庫、食堂、Café Bar、工藝館等，均是北一硝子的旗下商店，是北海道最具歷史的玻璃工房。吸引許多當地人及國內外觀光客前來，於1987年的翻新變成了大正硝子館，在小樽總共有三個偌大的展示館空間並且有銷售

商品，其中又以北一硝子三號館最具特色，其外觀為一棟石造倉庫，館內展售琳琅滿目的燈具與華美的玻璃工藝品，令人目不暇給，如果有興趣甚至也可以現場製作屬於自己的玻璃杯。

▲ 大正硝子館

Info. 📷

大正硝子館

🏠 北海道小樽市色內1丁目1-8
🕐 09:00–19:00

北一硝子三號館

🏠 北海道小樽市堺町7-26
🕐 8:45～18:00 (Cafe Bar 九號倉：11:00～17:00)
@ https://kitaichiglass.co.jp/

▼ 雪落大正硝子館

❹ 人氣甜點店——「六花亭」和「北菓樓」

　　接下來要拜訪兩間北海道最吸引小朋友的甜點店，那就是「六花亭」和「北菓樓」！在小樽的六花亭直營店，一樓為商品陳列大廳，二樓則是咖啡廳。北菓樓小樽本館旁也有露天座位區，可以悠閒享用剛入手的甜點。

六花亭

　　以白巧克力製造商起家的六花亭，品牌名稱源於如六角形花朵的的雪花結晶。必買的三大人氣伴手禮之一為奶油蘭姆夾心餅乾（マルセイバターサンド），鬆軟的餅乾與香甜不膩的奶油內餡及葡萄，在口中縈繞柔和的酒香，是令許多甜點控失心瘋的商品；另一款為草莓巧克力（ストロベリーチョコ），有黑白巧克力兩種選擇，最特別的是乾燥的草莓果實內餡，又酸又甜的口感非常受到喜愛；最後推薦的是卡布奇諾夾心酥（霜だたみ），是以灑滿糖霜顆粒的千層酥，包覆帶有濃郁咖啡香氣的內餡，以多層次口感取勝！

> ┤ Info. ├
>
> **六花亭**
> ⌂ 北海道小樽市堺町 7 番 22 号
> ⏲ 9：00 ~ 18：00
> @ http://www.rokkatei.co.jp/

▼「六花亭」和「北菓樓」

▲ 北菓樓

北菓樓

　　北菓樓小樽本館，當年於開館之初推出了紀念商品「妖精之森年輪蛋糕（バウムクーヘン妖精の森）」，至今成為造訪北菓樓的客人們最喜愛的商品之一。妖精之森堅持選用北海道產的小麥粉與奶油為原料，以傳統年輪蛋糕工法層層燒烤製成，是一道吃得出深厚功夫的職人甜點。另外，還有光是名字就非常夢幻的「夢不思議泡芙」，以及集結多種北國海味的米果零食「開拓おかき」，都是不容錯過的伴手禮。

　　大推甜點櫃台現賣現吃的三品(泡芙、小霜淇淋及飲料)甜點套餐，包含三種不同甜點，是下午茶最佳選擇。

▼ 妖精之森年輪蛋糕　　　　　　　▼ 夢不思議泡芙

▼ 三品 (泡芙、小霜淇淋及飲料) 甜點套餐

┤ Info. ├

北菓樓

⌂ 北海道小樽市堺町 7 番 22 号
🕘 9:00 ~ 18:30（冬季提前至 18:00 打烊） 公休：1 月 1 日
@ http://www.kitakaro.com/

224
Chapter 5

❺ 童話十字路口 (メルヘン交差点)

　　堺町通往南小樽方向的終點，佇立著一座明治時期的常夜燈，這裡就著名的「童話十字路口」，也稱為圓環廣場。「メルヘン（meruhen）」一詞源自德語的「童話（Märchen）」，此座廣場周遭圍繞著甜點名店、音樂盒堂、蒸氣時鐘，就像童話故事才有的情景，是小樽的代表景色。

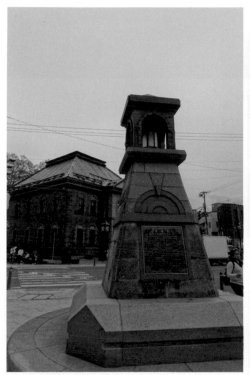
▲ 常夜燈

▲ 蒸氣時鐘

▲ 冬天更有童話的感覺

❻ 小樽音樂盒堂

　　小樽除了玻璃製品之外，還有另一項知名的特色商品，就是能夠用獨特的音色來演奏名曲的音樂盒。小樽音樂盒堂本館（小樽オルゴール堂）是一間將1912年的歷史建築重新再利用的店鋪，在懷舊復古的空間裡，展示著大大小小各式各樣的音樂盒，吸引了許多遊客前往參觀、尋寶。

▲ 是歷史建築的小樽音樂盒堂
◄ 各式各樣的音樂盒

　　來到童話十字路口，會看到
一座紅磚綠瓦的舊式洋房建築，
便是小樽音樂盒堂本館了。門口
則是鼎鼎大名的蒸氣時鐘，是西
元1977年由加拿大工匠打造的電
動式時鐘，每小時整點會報時，
每15分鐘會以蒸氣演奏出美妙音
樂，是小樽著名的景點。

▲ 銅製的音樂飾品

▲ 訂做屬於自己的音樂盒

走進音樂盒堂內，可以感受到木骨磚造建築的溫暖色澤，館內展售著來自世界各國的古董或美麗音樂盒、時鐘、陶器等。音樂盒堂裡，有各式各樣的音樂盒，也有我特別喜歡的銅製音樂飾品，這裡可以挑選自己心儀歌曲音樂，配上喜歡的裝飾物，製作屬於自己的音樂盒。

▲ 卡通人屋之家—夢之音

　　逛完音樂盒堂還可到隔壁的分館「卡通人屋之家夢之音（キャラクターハウス夢の音）」，一樓有許多迪士尼商品，二樓則有許多宮崎駿動畫的周邊商品喔！

┤ Info. ├

小樽音樂盒堂（小樽オルゴール堂本館）

⌂ 北海道小樽市住吉町 4 番 1 号

🕐 9:00 ~ 18:00（※ 國定假日前日、五、六為 9:00 ~ 19:00）

@ https://www.otaru-orgel.co.jp/

▲ 小樽音樂盒堂

▲ 左邊那棟是小樽音樂盒堂，右邊是卡通人屋之家

❼ 出拔小路

　　逛完堺町通商店街，走到底就是
出拔小路，當然反過來也可以說是堺
町通商店街的起點，就看逛的方向。
若想填飽肚子，可以在出拔小路找家
餐廳歇腳。出拔小路，過去曾是運河
船隻的卸貨處，如今沿用舊地名後，
改建為充滿復古風情的美食商圈。古
色古香的巷弄之間藏有許多美味小
吃，如章魚燒、天婦羅、海鮮丼飯、
可麗餅等。如果是在夏季來訪，則特
別推薦用北海道的哈密瓜當成容器，
上面擠上北海道牛奶霜淇淋，像是聖
誕老公公的鬍子，是POPURA FARM
販售的有名哈密瓜霜淇淋。北海道的
哈密瓜香氣濃郁，甜度非常高，跟台
灣脆脆口感的哈密瓜有些不一樣。

▲ 出拔小路

▲ 逛完堺町通商店街，走到底就是出拔小路

▼ 走累了也有很多小店可以稍稍休息一下

此時，別急著離開出拔小路，出拔小路中央有一棟深木色、特別高的建築物，這就是火之見櫓。火之見櫓可免費上去參觀，登上頂端展望台前，會經過一些介紹小樽歷史的小房間，看看舊照片、看看模型，可以想像一下過去小樽的樣貌。火之見櫓最頂端的展望台可以遠眺小樽運河美景。

▲ 火之見櫓可免費上去參觀

▲ 出拔小路觀景台，以不同角度遠眺小樽運河周邊

Info. 📷

出拔小路
⌂ 北海道小樽市色內 1 丁目 1 番
🕐 各店家不同，請見官網
@ https://otaru-denuki.com/

聖誕老人的鬍鬚 POPURA FARM
（ポプラファーム「サンタのヒゲ」）
⌂ 北海道小樽市色內 1-1
🕐 10:30-18:30（不定休）
@ http://popurafarm.com/index.html

◀ 從出拔小路觀景台下來後，過馬路就可抵達享譽小樽地區的政壽司

北方華爾街之稱的

/////////////////////////

小樽藝術村

　　二十世紀中期的小樽非常繁榮，是將所有石狩地區所開採的煤礦送往日本各地和俄羅斯的轉運站。除了港口，還填海圍出了小樽運河用於運輸，運河兩旁設立了許多儲貨用的大型倉庫。當時小樽的金融業相當興盛，這裡曾經是北海道經濟重心，最盛時期聚集了北海道20多家的銀行，因此有「北方華爾街」之稱。

▲ 小樽藝術村
◀ 不妨搭上人力車，來探訪充滿歷史文化的小樽

小樽許多於20世紀初建造的歷史性建築物，現在被活用在各種觀光用途，西元2016年7月發祥自北海道的宜得利公司，利用了這些20世紀初時所建造的舊荒田商會、舊高橋倉庫、舊三井銀行小樽分行和舊北海道拓殖銀行小樽分行等，共4棟歷史性建築物為中心打造成藝術展場，規劃設立了小樽藝術村，其中又以舊高橋倉庫改裝而成的花窗玻璃博物館最為吸晴，不妨來小樽欣賞各式藝術作品！

Info. 📷

小樽藝術村

⌂ 北海道小樽市色內 1 丁目 3-1　　電話：+81-134-31-1033

🕐 11 月~4 月 10：00~16：00；5 月~10 月 09：30~17：00（閉館前半小時入館）
公休日：11 月~4 月（三）（遇國定假日順延至隔日）

@ 官網：https://www.nitorihd.co.jp/otaru-art-base/access/

🚍 JR「小樽」站出口轉搭北海道中央巴士至「小樽藝術村」站下車即達

小樽樂遊圖

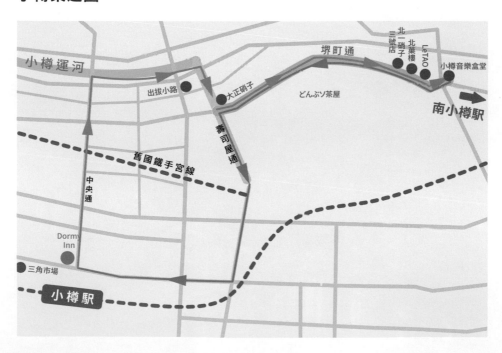

小樽運河

//////////////////////////////
白天夜晚大不同

　　結束一整天的街區巡禮後，傍晚再以滿足的心情逛完小樽藝術村，就躂步回到中央橋端的小樽運河旁，等著華燈初上、河岸被點染為金黃的魔幻時刻。運河起點處的淺草橋，是拍攝運河風光的最佳角度！每到夕陽西下的時刻，這裡便開始聚集許多扛著單眼相機和腳架的攝影師們，等待捕捉最美的畫面。小樽運河沿岸的煤油路燈及倉庫，均從傍晚時刻開始點燈，直至深夜。白天看來樸素的石造倉庫，一到了夜晚彷彿換上嫵媚衣裝，展現截然不同的風情。

◀ 冬天雪燈節的夜晚
▼ 冬天晚上小樽運河

✚ 私心推薦：小樽運河遊覽船樂遊記

▲ 小樽運河遊覽船搭乘處

這次出發前，一直猶豫要不要先在KKDAY或KLOOK先買小樽運河遊覽船票，因為先買的好處是：1.比現場買便宜，2.先預約免得船位客滿。缺點就是：1.萬一行程更改就被綁死，2.萬一天候不佳，搭船掃興。猶豫不決下，索性決定到現場隨機應變。

逛完小樽藝術村，過個馬路就到中央橋旁的小樽運河遊覽船處，準備搭乘16：00遊覽船，還有15分鐘開船。買了票就排隊準備上船，我們算是最後幾個位置了，有許多日本人帶著孩子來搭船，此時天空陰陰的似乎會下雨，上船時除了繫上救生腰帶也發了雨衣，小孩有專門的救生衣及雨衣，很貼心的服務。然後一人給一副耳機，遊覽船有韓語、英語、中文的預錄導覽說明，由船長依據遊船所經的路線，控制播放景點導覽，船長是以日語直接廣播介紹給船上遊客，我們這些華人，就將頻道轉到中文發音的地方即可（船長會教，不用擔心）。遊覽船全程40分鐘，在遊船行程中，會導覽說明小樽的歷史及各景點的特色，並可從運河眺望充滿浪漫風情的小樽街景。

▲ 上船後只剩最後幾個位置

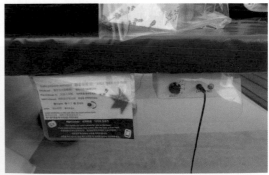

▲ 耳機插入後可將頻道轉到中文發音

小樽運河遊覽船行程有分白天遊船（日落前出港）與夜晚遊船（日落後出港），夜間遊覽船票會貴大約多300日圓。遊客可在天空明亮的時段享受遊船樂趣，也可以搭乘夜晚遊覽船，欣賞打上夜燈的小樽城鎮美景。船票販售金額為日間船班1800日圓（小孩500日圓），晚間船班2000日圓（小孩500日圓）。

小樽運河遊覽船行程行經的景點如下：

◆ **景點1：北運河**

小樽運河的北部被稱為北運河，至今仍停泊著許多小型船隻，周邊有許多時髦的咖啡廳或Live House喔！

▼ 船行北運河

◆ **景點2：小樽港**

遊覽船還會駛離運河，開往靠近小樽港出口，這是只有搭乘小樽運河遊船才能欣賞到的面貌。小樽港是個風浪較為平穩的優良港口，在此或許可見到帥氣的巡邏船或豪華的客船。

▲ 只有搭乘小樽運河遊船，才有機會看到小樽港風貌

▲ 行經旭橋　　　　　　　　　　　▲ 共行經 5 座橋

▼ 古早小樽交通船，現做展示用

▼ 這次因下雨，我們沒繞道南運河，
　也因此全額退費

◆ **景點3：南運河**

最有名的南運河總是吸引無數的遊客前來造訪，乘著船從水面上欣賞又是截然不同的風情呢！

◆ **景點4：富有歷史的建築**

小樽運河沿岸擁有許多歷史悠久、特色各異的建築物，除了可讓船長為你一一介紹這些建築的有趣故事，還有許多值得拍照留念的景點喔！

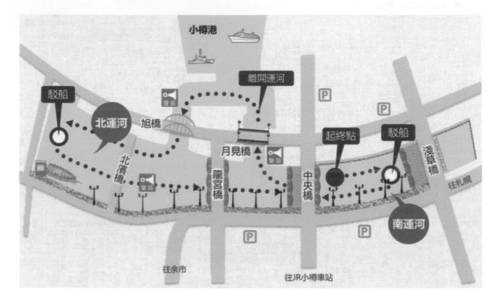

資料來源 https://otaru.cc/zh/about/

旅行的精彩就是有很多無法預期的事發生！這次搭乘小樽運河遊船，我們不知算不算運氣好？今天搭乘小樽運河遊覽船，從陰天到下雨、小雨變大雨，船長發完防雨披墊後就廣播：「因為天候關係，安全考量決定返回，請備妥購票收據辦理全額退費」。看了手錶，已經走30分鐘，我們遊覽船也坐到，也出港看到小樽港，完成了四分之三船程，因未走完40分鐘的行程，竟全額退費！日本人真是大方，坐船體驗了30分鐘，現賺1500日圓，免費搭乘小樽運河遊覽船！

▲ 從陰天到下雨，小雨變大雨

　　這趟乘船經驗也值得了，第一是
我們體驗了搭乘小樽運河遊覽船搭船
出海，第二是看到了北運河以及經過
好幾個路面的橋下，早已值回票價，
非常值得。也非常慶幸我們的旅行運
還不錯，如此意外地免費搭乘小樽運
河的船，雖然下雨，也是一種不同的
體驗！

　　不得不佩服日本人不佔便宜的態
度，這真值得我們好好學習。也體會到
日本重視歷史傳統精神（儒家文化），
講道義、守信用，保存歷史風俗習慣的
精神。例如天皇制，完全不受西方文化
影響，固守自己的歷史文化。這趟帶著
孩子旅行，乘船之旅的信守承諾，是一
趟寓教於樂的旅行經驗。

▲ 龍宮橋

Chapter 5

▼ 全額退費另加贈一張明信片

Info.

小樽運河遊覽船

建議在船班開船 15 分鐘前買票
若確定會搭乘遊船，不妨在 KKDAY
或 KLOOK 上購買會更便宜。

@ http://otaru.cc/zh/

▲ 小樽運河遊覽船

|加|映|場|
二世古夏天玩雪趣

　　如果多留一天在小樽，可以到小樽附近的二世谷滑雪。二世谷擁有日本最棒的粉雪滑雪場，喜歡滑雪的朋友，冬天一定要到二世谷來體驗看看。不過，二世谷也是北海道在地人在夏季喜歡前往的旅遊地。因為這裡擁有很棒的天然環境，山谷綠巒，讓此地成了最棒的森林樂園。許多當地人都喜歡在夏天到此從事各式各樣的山林遊憩，例如：健行、泛舟、登山、單車、騎馬……等等，一切與戶外相關的活動，都是夏天來到二世谷的最佳玩樂法。

　　這次好朋友分享淡季出遊的經驗給我，她說北海道淡季租車自駕過程十分順利，因為整個二世谷幾乎沒什麼人，連餐廳都有一半以上不營業！她們是帶著小小孩(不滿2歲)去雪場，雖然不能滑雪，但親子一起在雪場打雪仗、堆雪人，這種親子同樂的經驗是永生難忘。除非要搭乘纜車或租用雪具，不然都是可以免費進入的。

▲ 親子堆雪人玩得不亦樂乎

淡季時二世谷的餐廳不多，可選擇直接在旅館用餐，或者要先打點好小小孩的餐食，再前往二世谷。再來，就是孩子的禦寒衣物一定要備足！防水的手套、鞋子、帽子、大衣和雪褲！備齊後，親子就是無止盡、放大膽的在雪地狂奔、盡情享受啦！

　　這裡有著名的高橋牧場，來這裡遊玩的人們，幾乎是人人手上必拿一支霜淇淋！原味的牛乳，口味濃郁卻不會甜膩，只能說北海道的鮮乳真的超級無敵，讓人想一口接著一口，也難怪這裡是二世谷大人氣的必訪牧場！

二世谷交通：

1. JR——可從千歲機場出發必須到小樽轉車再轉往知安或新雪谷車站，亦可從函館搭乘北上列車。車程若順利銜接，最快約需耗時3小時。

2. JR——從小樽到新雪谷（二世谷）搭乘JR函館本線(往俱知安)只需要1小時40分鐘，但是每小時僅有一班車，需要多加留意。

3. 自駕 ——冬天不建議。

Info.

高橋牧場牛奶工房（ニセコ　ミルク工房）
Niseko Takahashi Dairy Farm

⌂ 〒 048-1522 北海道ニセコ町曾我 888-1 / 888-1, Soga, Niseko-cho Abuta-gun, Hokkaido, 048-1522, Japan

🕐 白色季節（12月至3月）：9:30-17:30，綠色季節（4月至11月）：9:30-18:00

🚗 從 JR 新雪谷站開車 8 分鐘

@ http://www.milk-kobo.com/

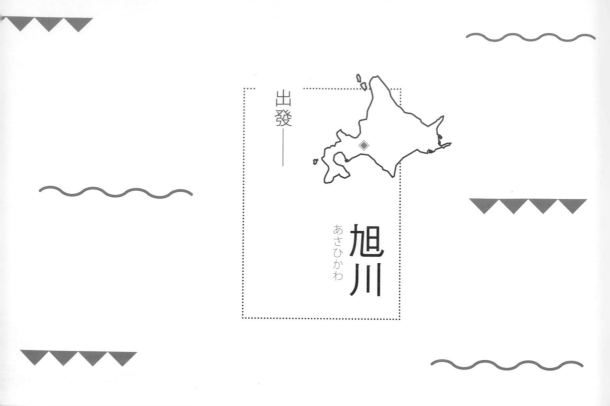

出發——

<ruby>旭<rt>あ</rt></ruby><ruby>川<rt>さひかわ</rt></ruby>

▼ 夢幻上野農場

上野農場

//////////////////////////

夢幻的花園

　　造訪旭川的第一個景點，就是私人開設的上野農場，這裡是享譽「北海道花園」的夢幻花園農場。

　　前往上野農場，搭乘JR從旭川站到櫻岡站，坐車過來約30分鐘距離，櫻岡駅是無人車站，車次不多，不過事先查好來回班次都不是問題。搭乘只有2節車廂的JR普通車抵達櫻崗站時，往火車頭司機方向下車，拿出JR周遊券給司機過目即可下車。下車後，小小候車站內，有一張手繪的地圖，說明如何抵達上野農場。其實很簡單，就是走出櫻岡駅後，車站在我們後方，往馬路方向直直走，過馬路後往右邊直走一段路，會看到遠方有大橋，往橋方向直直走，約莫10分鐘，過橋頭會看到大型廣告看板再向左彎，即可在遠處看到上野農場的建築大門。北極熊母子正等著我們大駕光臨呢！步行時間不超過15分鐘，不過沒什麼遮蔭處，夏天去的時候要留意防曬。

✚ 搭乘 JR 從旭川站到櫻岡站

▶ 搭乘 JR 趴趴走抵達旭川
▼ 我習慣帶著 JR 路線地圖，以弄清楚前往方向（起訖站）

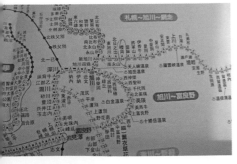

▲ 搭乘只有 2 節車廂的 JR 普通車前往櫻岡駅　　　　　　　　　▲ 古早火車的開窗方式

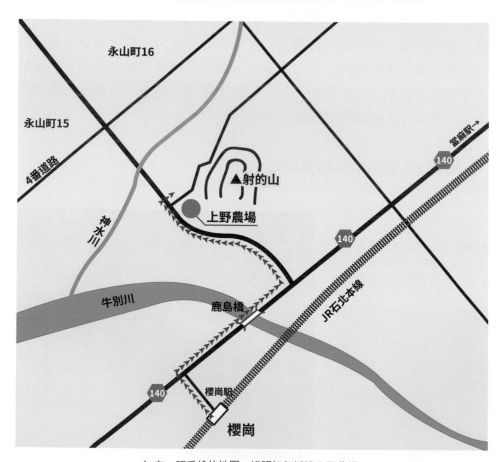

▲ 有一張手繪的地圖，說明如何抵達上野農場

▲ 走出櫻岡駅

▲ 車站在我們後方，往馬路方向直走，過馬路後往右邊直走一段路

▲ 上野農場東側入口

　　上野農場於1906年建於北海道旭川市，原本只是個世代務農的農場，某日，農場主人一個起心動念下，想提供給參觀者舒適的環境，因此開始在農間小道與農田的兩旁種植花卉，結果越投入園藝，越發有興趣，為此農場主人的女兒—上野砂由紀，辭去工作遠赴英國學習英式園藝，回國之後將所學得的技藝，以英式花園為原型，結合北海道土壤氣候，打造出這座上野農場。

　　旭川因地處北海道內陸，承襲了得天獨厚的氣候及地利條件，冬夏溫差甚大，無梅雨也少有強風侵襲。因此園內栽種了北海道一年四季的風景植栽，大多以觀賞用的宿根草花卉為主，隨著季節的更迭，綻放出不同花朵，花園被妝點得五彩繽紛。另外，特別推薦的就是園內附設的

NAYA cafe，是以65年前建造的倉庫改裝而成，坐落在花園內部，提供季節蔬菜的農場咖哩及各式甜點，在花卉環繞的中心享受美食，吃完又能慢步於花叢間。這裡有一座小山（射的山）、一個小池塘花園、一個歐式的花園，一個舒適的咖啡館等等。所有小區都令人會心滿意。強烈推薦在這裡拍照，真的是一大享受啊！

來到上野農場就像參加了一場小型花卉博覽會，雖不知花名，但就算是靜賞也別有一番風韻，人生就是要把時間花在美的事物上，不是嗎？

還有，這是一座有小精靈入住的森林花園喔，小精靈就躲藏在花園角落、森林轉角休憩，請帶著孩子來尋訪，但記得要壓低音量哦！不要吵醒了小精靈。

▶ 請輕聲細語，別嚇到小精靈們

▲ 貓咪發現了⁉ 小精靈嗎？

從東口售票口買門票之後，以逆時針方向逛一圈吧！

❶白樺小道(White Birch Path)

兩側都是高聳的白樺樹，是拍照的好景點，幽靜的氛圍散落在白樺小徑上，緩慢散步，放鬆心情。

▲ 前往白樺小道

▲ 白樺小道

❷鏡框花園(mirror border)

來到這個區域，頓時會有種掉入鏡中世界的錯覺，原來步道兩旁的花草是以鏡射般左右對稱種植，看似恣意生長的花草，卻能被完美的複製貼上，除了大呼驚奇有趣外，更不得不佩服上野小姐的匠心巧手。

❸紫色小徑(purple walk)

夏秋兩季正是柳葉馬鞭草盛開的季節，紫色的花海簇擁著磚紅色的小道，所以稱之為紫色小徑。到春天含苞待放之際，小巧可愛的模樣則像一顆顆寶石，因此還有另一個夢幻別稱為「寶石小徑」。

▲紫色小徑小巧可愛的寶石

❹圓框花園(circle border)

穿過紫色小道後，迎接著旅客的是眼前這片姹紫嫣紅及陣陣撲鼻的花香；地磚以劃圓狀舖設，正中間是以薔薇花為主軸，而外圍則一分為四，以四種顏色為主題，分別為紅粉（紅色馬薄荷、千屈菜、仙丹

花）、黃（黃金菊、堆心菊）、白(馬薄荷、白繡球、石鹼花)、藍（蝦
夷九蓋草、藥用鼠尾草、吊竹草）。在同色系區塊中再依花色的深淺做
出層次，而要如何運用不同花種來編織這片拼布花園，就是上野小姐最
樂此不疲的工作了。

▲ 薔薇花

圓框花園 ▲

❺長形花壇(Long Border)

全長約50公分的長形花壇，以高低差的植栽，似乎譜出五線譜的音
樂節奏，長短的音符在風景中，自由奔放的演出。

❻媽媽花園(Mother's Garden)

這裡是現今上野農場的最原始雛形，當初是由上野小姐的母親從這
開始庭園造景，因此取名為「媽媽花園」。而這裡的造景也正如同她本
人隨性自由的個性般，不受拘束的揮灑創意，時而大膽時而細膩，各式
花草看似毫無章法卻又不失和諧的綻放，構成一幅美麗的自由風畫作。

▲ 長形花壇

媽媽花園 ▲

❼樹聲庭園（Voice of The Tree Garden）

一汪小水塘中蓮葉何田田，碩大的銀白楊樹矗立在水塘邊，每當風掠過樹梢，銀白楊樹葉就會沙沙作響，彷彿在齊聲高唱，劃破原本靜謐的氛圍。

樹聲庭園 ▲

❽射的山(Shateki Mountain)

上野農場後方有座隆起的山丘就是射的山，也曾有一萬年前舊石器時代的遺跡在這出土，是一座擁有悠久歷史的老山丘。從花園的小徑一路登上山頂，不僅能遠眺群山環抱中的上川盆地美景，更可盡情徜徉在這片彩色花海中，感受射的山野隨著季節而展現出的千姿百態。

我們在這裡待最久，孩子們在這跑跑跳跳，大人們坐在彩虹椅子上談天說地，旁邊還有2尊可愛的石像，是可以好好發呆放空的地方。

上野農場後方有座隆起的山丘就是射的山，走覽射的山：

依指示隨著山坡往上走 ▶

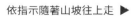

▲ 途中經過富有詩意的白雲的木

▲ 射的山因一百多年前，在此設置射擊練習場因而得名

▼ 射的山

▲ 緣結地藏   ▲ 射的山的七彩椅很好拍

❾精靈散步道(Gnome's Foot Path)

從射的山往下走舊道散步道，順著散步道就會回到上野花園草本類的精靈庭園區。

❿精靈庭園（ノームの庭）（The Gnome's Garden）

　　2016年再次盛大登場的人氣景點，一大片寬廣庭園中有一池湖水，湖畔圍繞著多達300種以上的花草，將庭園妝點得五彩繽紛，伴隨著聳立的大樹，有種濃濃的自然鄉野風情。最吸睛的是湖心上那棟三角屋頂小屋，聽說是精靈們的家，每當夜深人靜時，勤勞的精靈們就會偷偷出現來幫忙整理庭院。

⓫NAYA café

　　逛完了花園，來到NAYA café ，NAYA日文的意思就是農場的「倉庫」。門口整面牆有販賣各式各樣的種子，按花朵的顏色分類。但請記住身為國外遊客的我們，是不能攜帶種子出入境，就當是純欣賞長知識。

　　店家門口也放了好多自種的南瓜，門外的木桌上有非常用心的植栽裝扮，讓人流連忘返。打開店門發現挑高的小木屋果真有倉庫的感覺，是個精心設計過的倉庫餐廳。不妨坐下來歇會兒，是65年的老房子改裝的，店內裝潢將新舊元素巧妙結合，是間可以感受到復古卻又不失新潮的咖啡廳，店內提供的輕食甜點都是取自北海道的當季食材，咖啡廳的食物很簡單，但是超級新鮮，蔬菜應該都是新鮮採摘然後上桌，連冰淇淋裡的牛奶嚐起來都特別濃郁，有照片的菜單讓不懂日文的我們都能輕鬆點餐，有不少養生餐可選擇，新鮮好吃又有創意。

▼ 小木屋

另外，店內不時也會舉辦藝文活動或文創展覽，還會販售許多居家雜貨或可愛小物，絕對是一處好吃又好逛的舒適空間；冬天時期雖然花園沒有開放參觀，但NAYA café仍有營業，在雪地中的木屋中享受美食，也別有另一番風味哦！

▲ 要過天橋才是往旭川月台的方向，不要搞錯

回到櫻岡站，因為這是無人車站，所以要過天橋才是往旭川行徑的方向，不要搞錯！若使用JR PASS可以不必抽整理券，反之則要。

 Info.

旭川上野農場

⌂ 旭川市永山町 16 丁目 186 番地

🚗 石北本線 -JR 櫻岡站　走路 15 分

🕐 每年開園時間大致【4/22~10/15】10:00~17:00，請於官網查詢開園時間
2023 年將於 4 月 21 日至 10 月 15 日對公眾開放
冬季休園 (開放期間無公休日)

$ 成人￥1000 日圓、小學生以下免費

@ http://www.uenofarm.net/ （詳情以官網資訊為準）

|加|映|場|
來一趟旭岳登山行

　　前往旭岳可以租車，開車從旭川出發到大雪山旭岳口約1小時，也可以搭乘旭川電汽軌道巴士，「旭川電汽軌道巴士（旭川電氣軌道バス）」66號「いで湯号」，行車時間1小時35分，旭岳的終點站為「旭岳纜車站(旭岳ロープウェイ)」前的停車場，下車後，前方建築物的2樓即為纜車站。

　　下車後，進入旭岳纜車「山麓站」的建築物內。如果搭乘9:41的巴士，到達的時間為11:21，此刻建議先把全家肚子安頓好，因為再來的2-3小時，可能沒有可以用餐的地方。在旭岳纜車「山麓站」2樓的纜車搭乘入口處有家「姿見食堂」，所提供的各式餐點感覺都還不錯。

　　在2樓樓梯口前方的售票處購買纜車票券，票價依淡旺季不同而有差異，一般季節（10/21〜5/31）與旺季（6/1〜10/20）來回價格不同，請先於官網查詢。由山麓站至山頂的「姿見站」約10分鐘的時間，比較其他各種登山纜車來說，算是長的

乘坐時間。雖然旭岳標高2291公尺，但是纜車到達的姿見站標高為1600公尺，剩下的691公尺得靠遊客自己的雙腿爬上去。

搭纜車上到姿見池，姿見纜車站可以租雨鞋及登山杖，若不登頂走一般步道，是很好走不用登山杖的，今天我們就是在姿見的池，繞步道走一圈大約1.5小時，加上拍照頂多花2.5小時。整個步道行程，如果沒有要攻頂或往其他登山道，繞一圈的長度是1.7公里，一般而言約90分鐘可以輕鬆走完，沒登頂計畫的可以排半天行程。

建議路線：姿見站>>第一展望台>>滿月沼>>第二、第三展望台>>夫婦池 (鏡池+すり鉢池)>>第四展望台>>姿見之池 (噴氣孔)>>5合目 (姿見展望台、愛之鐘、石室、第五展望台)>>姿見站。

──散步路線
一周約 1.7 公里
所需時間約為 1 小時

注意！
請不要超越繩索範圍
垃圾務必帶走
山上除了姿見站以外沒有洗手間

往旭岳山

第五展望台
旭岳石室

姿見展望台

往姿見站0.7km →

往天女原
旭岳溫泉3.6km

姿見池

往姿見池1.0km

第四展望台

第二展望台

摺鉢池

姿見站

鏡池

第一展望台

往裾合平

第三展望台

夫妻池

　　旭岳雖是北海道最高峰，最高峰海拔也不過2290公尺，但是座好走的山，比起台灣的石門山、合歡東峰都還要低。因為海拔沒超過3000公尺，所以不會有會喘、呼吸不順、頭痛等高山症狀。旭岳山路沒有階梯，可以依照自己的狀況決定步伐大小，決定走快走慢。

　　由於旭岳是火山地質，還是要做些準備，我看日本人的裝備是帽

子、登山鞋、登山杖、手套（萬一滑倒時手撐地不會破皮）。保暖衣服、防風外套必備，山上天氣瞬息萬變，不同季節有不一樣的狀況及應變，推薦大家來登頂，體驗北海道的高山之美。

　　這次是6月去，大部分步道已無積雪，剩約10%的雪地，有外國人是背著小孩上步道的，沒看到推娃娃車的父母。從纜車站踏出去就是滿滿的雪，需要穿雪靴(或雨鞋)，若是要用推車是沒辦法的，纜車到山頂姿見之池以後，就是爬山路段了，然後地面會由土壤慢慢變成小石頭、大石頭。上山還好，下山時就要留意腳步，因為石頭都是會滑動的。

　　帶小孩上旭岳，建議小孩歲數是最好能自己走，不然就是抱著，若帶嬰兒綁在身上應該可以走到姿見之池。真心建議等孩子能自己走路最好，太小的孩子若要抱著，爸媽體力也會耗很大。畢竟山上低溫且風大，稍不慎小孩容易感冒，要留意山上的天氣常常會在下午變天，雨具跟保暖用品不能少。

Info.

旭岳交通

搭乘旭川電汽軌道巴士：

- 由 JR 旭川站前 9 號巴士站搭乘「旭川電汽軌道巴士 (旭川電氣軌道バス)」66 號「いで湯号」。「いで湯号」旭川市 - 旭岳之間，一天各有 4 班車經旭川空港來回，行車時間 1 小時 35 分。「旭川 - 旭岳」票價 1430 日圓，上車抽號碼牌，下車投幣。旭岳的終點站為「旭岳纜車站 (旭岳ロ－プウェイ)」前的停車場。

自行開車

- 由旭川開車沿道 1160 號到達「旭岳纜車站」前的停車場約 50 公里，大約 1 小時可以到達。
- 🚗 Mapcode: 796 861 067*52；纜車站電話 : 0166-68-9111
- @ http://asahidake.hokkaido.jp/ja/#SCHEDULE
  中文 :http://asahidake.hokkaido.jp/tw/

常磐公園
//////////////////////////
的光影微風與綠道藝術

　　回到旭川，先到飯店休息一會，趁天還沒黑之前，到附近走走吧！沿著買物公園到七條通的綠道，直走就可以直接到常磐公園。我們的目標是前往旭川的市民公園—常磐公園，從我們的飯店走去不到1公里路程。來到一個陌生城市旅行，步行是最好認識在地人文的方法。

▲ 沿著買物公園往常磐公園方向走

▼ 往常磐公園方向走 1 公里路程的街區裝飾

超級無敵建議從七條綠道前往常磐公園,在這七條綠道可以體會出一個都市規劃的精采,綠意樹蔭、藝術雕刻和裝置藝術,還有旭川與各個姊妹城市的紀念碑,是不是很像走在文藝長廊上的感覺?七條綠道盡頭,過個馬路就抵達了常磐公園。

▲ 七條綠道的規劃非常舒適,直直走就可抵達常磐公園

常磐公園是北海道旭川市最早設立的公園,提供人們休憩的場所,就像是台北大安森林公園的概念。公園內有廣大的腹地,除了有上川神社頓宮、道立美術館、公會堂等文化藝術據點之外,還有圖書館、文學資料館等設施分佈其中,當然還有親子最愛的天鵝船等遊憩設施。來到這公園,首先發現景色出乎意料地好,一切都要歸功於公園內那座湖,像一顆寶石般,讓這裡增色不少,光影、微風、綠意,交織出一個很舒服的空間。令人訝異的地方是當爬上河堤眺望著另一頭的河川,又是一種截然不同的景色,建議來到旭川,務必要抽空來這座城市公園逛逛,繞行一圈至少約需40分到1個小時左右的時間。

▼ 推薦黃昏時來常磐公園觀賞日落

▼ 一望無際的河川岸邊

▲ 上川神社頓宮

　　園內有兩座水池，千鳥池中總有水鳥優雅漫遊，不時還可見到人們划著小船穿梭其中。春天可賞櫻、賞杜鵑，夏天有白鳥池的睡蓮，秋天紅葉片片。我們來到常磐公園時已接近黃昏，湖水光影，美到令我們驚艷！戴著太陽眼鏡猛拍美景，眼睛都快閃瞎了。

▼ 千鳥池

天鵝船岸旁邊，有一個上去的階梯，不妨上去看看一望無際的河川岸邊，這裡就像我們的河濱公園，有人做操、慢跑、遛狗，當然還可以遛小孩。

繼續沿著千鳥池逆時針方向走，隨著兒童遊憩指標，有小朋友最喜歡的兒童小樂園。

▲ 兒童小樂園

▲ 道立旭川美術館

道立旭川美術館就位於常磐公園內，大草坪加上大型雕刻藝術裝置，不妨安排美術館、博物館行程，打開視野、放開心胸。避開人擠人的空間，來趟常磐公園一舉數得，而且公園無料啊！

從市區內走到常磐公園，街景美麗，而且推車非常好走，是一趟愜意的步行，旭川這個城市，本身步調不快，很適合慢活和慢遊的城市。距離車站不會太遠，也能遠眺旭橋，公園裡的植物與城市相隔開來，在公園裡散步心曠神怡，春夏的時候，花開茂盛就是一番大自然的美妙畫布。

Info.

常磐公園
最鄰近常盤公園的車站是 JR 宇部線的常盤站。
從車站步行約 15 分鐘距離
🚌 JR 函館本線旭川站旭電巴士末廣方向常盤公園前下車即到
🕐 全天開放

▲ 常磐公園旁的路標

旭川拉麵
////////////////////////////
初體驗

　　說到旭川市第一印象除了動物園，美食當然就屬「拉麵」，旭川拉麵的特徵，是採用能夠大量吸取高湯、含水量較少的白色細捲麵為主，搭配以豚骨和魚貝類所熬出來的高湯，加上醬油、味增或鹽味醬汁後再放上「豬油」的濃稠口味。使用豬油是為了防止拉麵變涼，這也是在嚴寒的旭川才有的獨特作法，以當季的新鮮食材為輔，像大家都耳熟能詳的梅光軒、山頭火、天金拉麵等都是發源於旭川市。

✚ 山頭火拉麵

　　位在旭川車站正對面不遠處。喜愛拉麵的朋友對山頭火拉麵一定不陌生，算是很早來到台灣開分店

Info.

山頭火拉麵 旭川創始總店 (らーめん山頭火)
⌂ 北海道旭川市 1 條通 8 丁目 348 番地 3 ささきビル 1F
◷ 11：00 ~ 21：30 (L.O.21：00)
@ https://www.santouka.co.jp

的日本拉麵，創始總店就位在北海道旭川，山頭火拉麵外頭總是有不少人在排隊，因為店面小小的，座位不多，所以也排了快30分鐘才入座。菜單品項很簡單，就是一種口味的招牌拉麵搭配不同湯頭：有醬油、味噌與辛味噌。

✚ 天金拉麵

　　天金拉麵創業於1952年，是當地很受歡迎的平價拉麵店，在旭川眾多拉麵中是名列前茅的知名老店，暖呼呼的招牌醬油拉麵很好吃，價格又便宜，還有兒童餐和迷你拉麵。

Info.

天金拉麵（四條店）
⌂ 北海道旭川市四條通 9 丁目 1704-31
◷ 11：00 ~ 20：00

　　這次來旭川玩專程到了天金拉麵四條店用餐，店內菜單除了有圖片示意，還有多國語言可參考，這次在天金拉麵嘗試了醬油拉麵、野菜拉麵、私房煎餃，拉麵湯頭鹹度適中、麵條好吃且份量多，吃完後覺得CP值很高。

謝幕場① 有如冰雪奇緣的

/////////////////////////

雪之美術館

　　這是一場謝幕的儀式，記錄著人類遇上疫情後的消長，在旭川我們留下了親子旅遊的美好記憶。北海道旭川的知名景點「雪之美術館」，在官網宣布2020年6月30日結束營業了！特別保留了這篇雪之美術館，主要有二個原因：一是相信此幕會再次升起，旭川知名攝影師發起重新復活的活動；二是希望曾經存在的美麗，不會因為閉幕而遺忘，留給造訪過雪之美術館美的讀者，一同回味曾經的夢幻之旅。

　　「雪之美術館（雪の美術館）」的建築本身具有歷史感，規模不大，外觀是歐式建築風格，內部採中古時期歐式建築，一切以雪為設計主軸。色系基調為純白與水藍，純白的建築主體搭配紅磚外牆，採取歐洲中世紀拜占庭式建築工法，於1991年完工。由於內部作為美術館使用，建材、空調等都不馬虎，位置更位於高地之上，可以俯瞰旭川市內及遠方大雪山的四季變化。夏天來的時候天氣正舒適，參觀的同時伴隨微涼的氣息，冬天則是搭配整個大地的姿態，像是一座隱藏在雪中的城堡，神秘又美麗。

▲雪の美術館的建築

▲ 另一端為優佳良織工務館

購票入內後，白雪世界降臨，首先要沿著六角形迴旋梯往下走，踩過62階的螺旋形樓梯抵達美術館。樓梯設計成六角螺旋轉，從上往下看就像是一片無限延伸的雪花，仔細看的話，樓梯的欄杆等小地方也都裝飾著雪花結晶的樣子，十分精細。水池的正中央有一座許願池，很多人會在這裡丟下幾個銅板並許下心願。

　　位於地下18公尺的冰之迴廊，深入地底以後，第一個會經過的地方就是這個「冰之迴廊（冰の回廊）」。這裡就像一個大冰庫，兩側以一片玻璃相隔，兩旁是零下15度的冰室，通過的地方則大約在10度左右。冰室中展示著6公尺高的大型冰塊、結晶及冰柱，一旁的註解說明這裡的冰塊是透過何種工法製成。夏天來到這裡一定會不想離開。這裡提供了

▲ 購票處

▲ 白雪世界降臨

▼ 許願池

實景的冰雪長廊，如同展開真正的雪地之旅，透過一片玻璃即可看見壯觀的雪景，是展現日本北國最重要元素「雪」之美的小型美術館。

▲ 冰之迴廊

「冰晶之室（スノークリスタルミュージアム）」展示著在大雪山花費20多年拍攝的雪花結晶。大家一般認知的雪就是白白的一片，但形成雪花的冰晶卻有各式各樣的形式，這裡展示著約200種不同的冰晶樣式，十分壯觀。這裡的燈光魔幻，在雪花的襯托之下更增添了神秘感，來到這裡的朋友不妨停下腳步拍張照片。介紹許多有關雪的結晶形狀等常識，每種冰雪結晶都有專屬的名字對應著示意圖，喜愛的人可以看看。資料室中介紹了許多關於雪、雪花、冰晶的相關知識，除了有影片可以觀賞，旁邊的展櫃中也有不少先前的研究資料展出。

▼ 冰晶之室

▲ 200多種不同的冰晶樣式

　　整個美術館中心，有一個如夢般的結婚小禮堂「音樂堂」，是個擁有200個舒適座椅的空間，經常對外出租，舉辦活動、演說或是結婚典禮。

▲ 美術館中心

▲ 婚禮小禮堂「音樂堂」

▲ 天井上的藍天畫作

　　雪之館的空間雖然比音樂堂小一些，六角形的大桌也能容納最大140席，是舉辦大型餐會的理想地點，作為結婚儀式後的用餐區最適合不過！很多日本人對於在雪之美術館舉辦婚禮也十分有興趣。

▲ 六角形桌

　　雪之美術館也很貼心的設置一個「繪本閱讀區（本コーナー）」，空間寧靜舒適，不只與雪花相關的繪本在這裡展出，與冬天、下雪等意象相關的繪本也能找到，是遛小孩的好地方。

　　雪之美術館很特別的是還提供「公主變裝體驗」，花3千至1萬日圓不等，就可以換上裙裝、和服，還依價格提供妝髮、飾品等，讓大家可以換裝，在雪之美術館中自由拍照。禮品店也有不少伴手禮可挑選，還有大人小孩都可以變裝打扮的冰雪奇緣公主裝，可以付費換裝拍照。

　　雪之美術館的交通或許不是那麼方便，但喜愛冰雪奇緣的朋友們，可以來這裡成為冰雪女王度過愉快的一天吧！

 Info.

雪之美術館

⌂ 旭川市南ヶ丘 3-1-1
2020 年 6 月 30 日結束營業

▼ Gift Shop

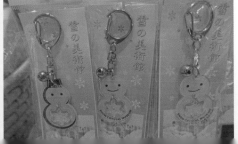

|加|映|場|
日本最北端的旭山動物園

　　提及旭川，第一個會想到的就是人氣動物園－旭山動物園。

　　旭山動物園是日本最北端的動物園，將動物原本的自然生態呈現給遊客，參觀旭川市旭山動物園的人數已經超越了擁有熊貓的恩賜上野動物園，成為日本拜訪人數最多的動物園，也是日本全國民眾票選最受歡迎的動物園。

▲ 旭川旭山動物園

▲ 冬天的北極熊特別有元氣

　　旭山動物園是初次到訪旭川的人都會排入的景點，曾經快破產的動物園，因而絕處逢生，開始產生與動物互動的創意思維，透過園內獨特的「行動展示」，展現出動物們最自然、原始的生活方式。動物們生氣勃勃，遊客引領期盼，讓旭山動物園和其它動物園做出區別，因此其他動物園也開始仿效這種展現方式。

每天都有許多人為了一睹園內動物們朝氣蓬勃的身影而前來，尤其冬季與人們近距離的企鵝散步，大受小朋友的歡迎而前來此。從旭川車站可以在旭川站的6號乘車站，搭乘前往旭山動物園的巴士（旭川電氣軌道），該巴士約每30分鐘便發車一班，班次眾多。如果JR有臨時特急列車「旭山動物園號」行駛時，還會加開急行巴士（直達班車）；建議自駕前來的朋友，一定要在剛開園的時候來，否則太晚可能會沒地方停車，或是必須停在離入口較遠的停車場。早一點來動物們也會比較有活力而不會軟綿綿都不動。若想搭計程車，從旭川站搭乘計程車，約30分鐘可抵達，費用約為3,000日圓。雖然巴士班次多，搭乘巴士移動也很方便有趣，若是一家4口，搭乘計程車也是不一樣的體驗。

▲ 冬季旭山動物園的企鵝散步

Info. 📷

旭山動物園

🏠 北海道旭川市東旭川町倉沼

🕐 4 月 8 日~25 日，11 月 4 日~10 日，12 月 30 日~1 月 1 日

🚗 交通

1 大眾運輸

- 在 JR「旭川」站轉搭往「旭山動物園」的旭
  川電氣軌道公車 41、42(直達) 或是 47 號線
  約 40 分鐘，終站下車，徒步約 1 分鐘即可抵
  達。

2 自行開車

- 在道央自動車道「旭川北交流道」下高速公
  路，行經國道 37 號 10 公里即可抵達。
  停車：附設 5 個免費停車場及 8 個收費停車場。

美瑛觀光巴士

//////////////////////////
輕鬆遊

　　空出一個下午的時間，預約參加了美瑛觀光巴士的行程，若沒有預約，可以去四季情報館櫃台問問看還有沒有空位。在北海道自駕不難，但我喜歡輕鬆自在沒壓力，開車載著孩子，我會擔心許多突發狀況，所以這回就預約搭乘美瑛觀光巴士(美遊巴士)，若想要有效率地多踩幾個景點，觀光巴士是好的選項、也最方便。以一日遊的方式前往美瑛知名景點，如青池、白鬚瀑布、十勝展望台等，聽不懂日語沒關係，導遊服務員會說英語，我們這班車的服務員也會說中文。搭乘美瑛觀光巴士要依規定的時間集合、行動，我們參加6月初的下午行程，遊覽時間為2小時45分鐘。

▲ 搭乘旭川到美瑛的 JR 列車

▲ JR 列車的窗外景色

▲ 美瑛觀光巴士

▲ 四季情報館 (有 i 符號)

▲ 今天的美瑛觀光巴士行程　　　　　　　　　　　　　　▲ 美瑛觀光巴士窗景也很好拍

　　從旭川搭JR到達美瑛，出站後四季情報館就在背對JR美瑛站的左手邊，很好找！到了四季情報館填了相關表格報到後，就等待觀光巴士入站。這是沒有對號的觀光巴士，不過上車之後就不能隨意更換位置，造成別人的困擾，所以早點上車為妙。美瑛觀光巴士開車很平穩也很準時，這次參加的觀光巴士是下午13:30從四季情報館出發，「**美瑛青池→白金青池／白鬚瀑布→十勝岳展望台**」的經典路線，每個點都是我們想去的，花一個下午來親訪這些景點，實在很值得。觀光巴士沿路風光非常宜人，也感謝天公作美，天氣好的時候，北海道的雲看起來特別有份量及精彩。

✚ 白金青池

　　青池是位於日本北海道上川郡美瑛町白金的一個人工水池，標高約500米，位於美瑛町東南部、美瑛川左岸、白金溫泉西北約2.5公里處。在1988年12月，為了防止十勝岳爆發後的堆積物產生火山泥流的災害，在美瑛川興建了好幾座河堤，而青池就是其中的一座河堤所形成的水池，是美瑛最近很分的景點。據說2012年以前都還是只有內行人才知道的神祕地點，爆紅的原因是，青池的風景照片被蘋果公司採用作為MacBook電腦的內建桌布之一，靛藍色的湖水和湖中的枯樹，才讓青池聲名大噪，成為美瑛著名的景點，又稱「白金青池」、「美瑛白金青池」。

　　青池旁有像L字型的步道，供旅客們拍照與觀賞這神奇的美景。天氣好時，美麗的藍天與白雲，映在青池上彷彿是雙面鏡的世界，這裡的水

是從白鬚瀑布的水流下來的，由於鋁成份含量很高，和其他河流的水混合後，形成微小顆粒，而這種顆粒在陽光照射下，造成藍色光波，於是水中映成藍色，所以陽光越強，就越靛藍耀眼。由於青池不大，很快就能走完了，可以多花點時間享受眼前的美景，放鬆心靈。

美瑛觀光巴士在青池停留25分鐘，對於我來說，美好的時光有如飛逝，時間相對好短，對觀光客或許只是到此一遊打卡的樂趣，20分鐘也綽綽有餘！這也是為何我留戀自助旅行，而一直無法接受團體旅行的模式，選擇隨心所欲的我走必我行、我在必我留，自我掌控的親子旅程！

▲ 下車後走一段步道

Info. 📷

青池

🏠 北海道上川郡美瑛町白金

🚌 交通方式

1. 自駕：由美瑛車站搭乘往白金溫泉的道北巴士，在「白金青池入口」站下車後徒步 7 分鐘
2. 旭川公車站牌在旭川信用金庫前，車程約 20 分鐘
3. 夏期全日開放，冬期僅點燈期間開放

▼ 青池

十勝岳望岳台

十勝岳望岳台標高930公尺，位於大雪山國家公園十勝岳本峰正下方。在十勝岳望岳台，除了可眺望大雪山主峰—旭岳之外，美瑛岳、美瑛富士、上富良野岳等群峰皆可盡收眼底。腳下更能360度俯視旭川市至富良野市的遼闊景色，心曠神怡。十勝岳望岳台避難所於2016年10月19日全新落成，夏季是十勝岳登山客的登山基地。

▲ 十勝岳是夏季登山基地

十勝岳望岳台是滿值得去的景點，從白鬚瀑布到十勝岳望岳台雖然車程不長，大約10分鐘，但是有些山路，抵達停車場後，發現這邊停車場路邊還有積雪。十勝岳望岳台保持原本地形的面貌，並未特別設置步道及石階，走起來顛簸卻能感受到大地的姿態，以及火山地質的風貌。十勝岳設置了一座望岳台景觀碑，給來此的旅人合照紀念。十勝岳面對的是美瑛的拼布大地，十勝岳是日本百岳之一，更是一座標高2077公尺的「活火山」，在江戶時代曾有過5次的爆發記錄，還造成不少災害。這次運氣超超好的，遠觀十勝岳還看到火山口冒煙的景觀，真是值回票價。

▼ 十勝岳望岳台

▲ 停車場

▲ 停車場路邊積雪

▲ 原本地形面貌，未設置步道及石階

▲ 據說石頭堆疊越高，運氣越好

▲ 十勝岳火山口冒煙

▲ 十勝岳望岳台遠眺景觀

 Info.

十勝岳望岳台

⌂ 北海道上川郡美瑛町白金
🚗 交通：
1. 自駕距離 JR 美瑛站約 25 公里，車程約 35 分鐘
2. 大眾交通：搭乘 JR 至旭川站或 JR 美瑛站，轉
   乘道北巴士美瑛白金線於終點站「白金溫泉站」
   下車，徒步約 1 小時（建議自駕）
停車場：有 / 免費

這趟美瑛觀光巴士共2小時45分的行程，帶我們前往美瑛現在最夯的景點，有青池、白鬚瀑布、以及十勝岳望岳台，行程很緊湊，參觀時間都依表訂時間進行，很是佩服！如果想放空、不想多傷腦筋的爸媽，搭上觀光巴士專車，非常輕鬆自在。

　　美瑛觀光巴士是小型巴士，約乘坐20人，想要參加就上官網預約，預約前先免費加入會員，預約付款後會收到信件，再依指示前往報到，有任何問題可以寫MAIL詢問，中文書寫信件應該是可以，美瑛四季情報館基本上就是美瑛的觀光案內所，有中文人員會回信及諮詢；當天提早15分鐘報到，沒有對號入座，上車後的位置基本上就是今天巴士的座位，不要再任意更換位置。每個行程，導遊服務員會以紙板秀出集合時間，不懂日文也無妨，上車後盡情享受美瑛之美吧！這次搭乘美瑛觀光巴士離開十勝岳回程的路上，我們還遇到野生狐狸，說是幸運的象徵，這不是超級幸運嗎？

─── Info. ───

美瑛觀光巴士

⌂ 青池路線、花田山丘路線、青池花田路線等（依日期不同）

$ ￥2000（兒童半價）

🕐 依路線不同
　購票及搭車地點：四季情報館
　購票方式：前 2 日在美瑛觀光協會網站預訂，前 1 日或當日在四季情報館現場購買（滿席則停售）

@ 預訂網站：https://www.biei-hokkaido.jp/ja/bus_ticket/
（詳情以網站查詢為準）

▲ 我們會自備小筆記本蒐集車站及各地景點的印章

▼ JR 美瑛車站

旭川知名美食

///////////////////////////////

成吉思汗大黑屋

　　網路搜尋第一名的北海道旭川美食，一定是成吉思汗大黑屋。離旭川車站步行約12分鐘的五丁目支店，一到用餐時間就有排隊人潮，先進店內告知用餐人數後，就在店外等候，等到位時店員會引領步入店裡，整間餐廳煙霧瀰漫，飄來陣陣炭火烤肉香。

　　羔羊種類有藥草羔羊、羔羊排、帶骨羔羊等等。羊肉鮮嫩幾乎吃不到羊肉騷味，價格更是親民，蔬菜盤還免費吃到飽，大黑屋有中文菜單，一盤肉約日幣850元，約台幣200元，平均一個人兩到三盤就飽了，一人台幣600元就可以吃超飽。

Info. 📷

成吉思汗大黑屋

⌂ 北海道旭川市 4 條通 5 丁目 3・4 仲通
🚗 「旭川駅」徒步 12 分鐘
🕐 17:00~23:30(最後點餐 .23:00)
@ 官網 daikoku-jgs.com

| 加 | 映 | 場 |
富良野花海

+ 富良野必去景點 - 富田農場

　　說到北海道必去的農場，第一個聯想到的絕對是位於富良野的富田農場。據說從1958年起，在北海道富良野開始了一場「紫色的試驗冒險」，也就是「富田忠雄」先生開始在富田農場裡種植薰衣草，同時也從他手中種下了北海道薰衣草的這一片起源之地。因氣候條件問題，原本不被看好的薰衣草田，在富田先生的堅持及幾番執著之下，順利克服許多難關，讓第一株薰衣草就這樣成功在寒冷的北國落地生根，也讓北海道成了名副其實的薰衣草故鄉之一。

　　因此，富田農場最熱門的就是北海道薰衣草季，而冬天更是旺季，所有遊客幾乎都想在這個時節來一探各種花卉的美貌，更可以參加到許多冬天的活動，如滑雪、狗雪橇等。除此之外，富良野向日葵也是這裡主打的賣點之一，整片向日葵在眼前陣列式散開，規律地隨風舞動，看上去真的非常療癒，非常推薦唷！

Info. 📷

富田農場

⌂ 北海道空知郡中富良野町基線北 15 号
🚗 交通：
　　1. JR 富良野線「薰衣草花田車站」下車
　　2. 乘坐巴士從旭川機場到富良野車站約 1 小時
$ 免費
🕐 09：00~16：30【5、9 月 08：30~17：00、6~8 月 08：30~17：30】

✚ 富良野起司工坊

　　這行程是自駕爸媽比較方便抵達的親子樂遊景點，從JR富良野站開車10分鐘左右就可以抵達，或是搭計程車也是一種方法。

　　富良野起司工房在靜謐的森林中，是到富良野旅遊時必去的人氣景點之一。在這裡小孩可以DIY親手體驗，使用當地新鮮的牛奶與鮮奶油製作馬斯卡邦起司（Mascarpone），而且完成後的起司還可以帶回家！宛如乳製品遊樂園般的「富良野起司工房」，是起司控們不訪會大呼可惜的景點。富良野的高人氣伴手禮之一，就是富良野起司工坊的乳製品。若不想親自體驗，可以透過玻璃帷幕觀看起司工房中的起司製造室以及熟成庫。

　　在披薩工房內，也可以品嚐到起司工房生產的，由馬扎瑞拉起司製成的瑪格麗特披薩，還有最受小朋友歡迎的冰淇淋工房內品嚐現做起司霜淇淋、義式冰淇淋等，是享受小點心的美好所在。

Info.

富良野起司工坊

⌂ 北海道富良野市中五區
🚗 JR 富良野站開車約 10 分鐘
@ http://www.furano-cheese.jp/

▼ 富良野起司工坊

謝幕場② 記憶深刻的特急列車
////////////////////////////
Lilac 旭山動物園號

▲ Lilac 旭山動物園號

　　如果在親子遊期間，旭川動物園號有行駛的話，我私心強烈建議搭乘一趟特急「Lilac旭山動物園號」。它的前身就是很受大小朋友歡迎的旭川動物園號；都冠上旭山動物園號之名，這兩部列車的差別在哪兒呢？使用車輛不同：旭川動物園號是キハ183系，「Lilac旭山動物園號」列車是屬於789系列。

　　「特急ライラック旭山動物園　(特急LILAC 旭川動物園號)」接續行駛，自6月份到8月份，每週六、日運行。「Lilac旭山動物園號」的特色在每班列車的1號車廂設計為「紀念照拍攝區」，設有旭山動物園「陸地」與「海洋」主題的紀念照拍攝座位，除了可與穿戴動物玩偶裝的工作人員合影留念之外，亦有準備可讓旅客變身成動物的「動物帽子」。不過，這輛受大人小孩歡迎Lilac旭山動物園號，也因為車廂老舊，在2018年的3月停駛。詢問過在地日本友人，未來是否再有特別為旭山動物園行駛的特急列車？只能密切注意JR北海道官網的公告。

　　這次搭乘17:30從旭川開往札幌的特急LILAC旭川動物園號，完全是誤打誤撞，因為評估美瑛觀光巴士回程時間，在網上查詢時竟發現這班特急LILAC旭川動物園號，所以在JR外國旅客服務中心就指定這班列車的

指定席。期間我還去跟可愛的日本女孩聊天分享，這次我們來旅行的目的，是要撰寫有關北海道的旅遊書，她們萬分開心，也詢問是否可把她們的合照刊登出來。我與她們分享我的第一本北海道書籍，她們很驚訝地說：「北海道在地人日常毫不起眼的事情(例如穿著、景點等)，竟在觀光客的眼中是如此與眾不同！」旅遊的精彩就是與當地人互動產生的感動，彼此比手畫腳地用肢體語言交談，不懂日語、生疏英語，只要誠懇微笑，人與人之間的溝通就可以拉近距離！

✚ Lilac 旭山動物園號拍攝側記

❶ 行進間會廣播：「現在開放乘客前往1號車廂拍攝紀念照」

❷ 第一車廂的拍照區：拍照座椅等候區，椅背的可愛動物

❸ 穿戴好自選的動物頭套及手套，有工作人員幫忙拍照

❹ 隨車服務的可愛工作人員

❺ 有多種頭套及手套可以選擇

❻ 拍照時間結束後，隨車服務工作人員會至指定席頒發Lilac旭山動物園號乘車證明書，只有指定席乘客有喔！

❼ Lilac旭山動物園號活動紀念小公仔(上網到指定社群網站分享照片即可獲得)。

Chapter 5

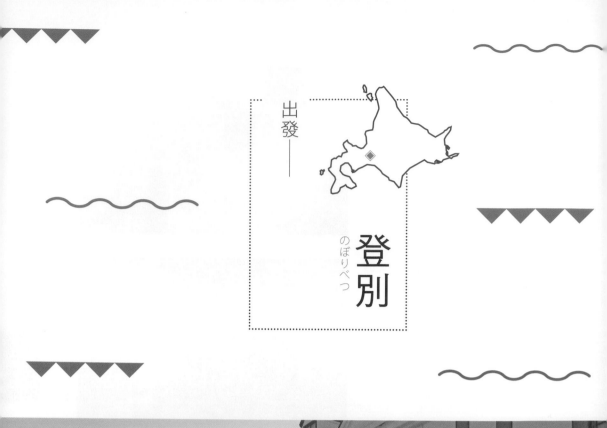

出發──

登別
のぼりべつ

登別尼克斯
/////////////////////////
海洋公園

▲ 尼克斯城

　　尼克斯城（NEX）是以丹麥實際存在的建築物「耶斯克城堡」為藍圖所建，為「登別尼克斯海洋公園」的代表建築物。尼克斯海洋公園廣場中央是一個仿歐式城堡的主場館，走過吊橋進入尼克斯城後，裡面就

▼ 仿歐式城堡的主場館

▲ 戶外有兒童遊樂設施

是大型的水族館,戶外設施有兒童遊樂設施,是可以玩一整天的主題樂園。

　　一踏入城堡,映入眼簾的是高8公尺的水晶塔水槽,內有五顏六色的熱帶魚在迎接大家的到來。除此之外還有體驗海底散步的水中隧道,能觸摸水中動物的展覽區,以及北海道最大水母水槽等設施。在戶外的一角也有擁有摩天輪、旋轉木馬等遊樂設施的「尼克斯樂園」,可與小朋友同樂。還有舉辦海豚、海獅與企鵝遊行等各種表演,別忘了一定要上官方網站確認時間喔!約有400種20000萬隻的生物生活於「登別尼克斯海洋公園」,希望大家能花些時間,悠閒地欣賞這些美麗的生物!

　　在北海道開創企鵝遊行風潮的是旭川動物園,但只有冬季有遊行,登別尼克斯海洋公園是全年每天都有2場企鵝遊行。登別尼克斯海洋公園的名氣沒有旭川動物園大,但選擇來這裡真的就是為了看企鵝走路,為了可愛企鵝,我們一定要來這裡打卡。而且這裡的遊客人數剛好、不會擁擠,可以很舒服的參觀;另外登別尼克斯海洋公園交通便利,從JR登

別站往右拐走5分鐘就到達了。

園內主打一年四季都有企鵝遊行，冬季造訪時企鵝在雪地追逐的萌呆模樣超可愛。買了門票後就先看一下海洋動物表演的時間，看了海豚、海獅和企鵝的表演後，就去參觀「銀河水槽」，水槽內有1萬隻沙丁魚，每天2場的表演是配合投入飼料和聲光效果，大批沙丁魚會一起往同個方向游去或轉圈，非常驚人。

重頭戲就是企鵝遊行，在企鵝出場之前，工作人員會先舉牌宣導，到時企鵝出來，不可以碰觸牠們，但可以跟企鵝們照相。

還有一區專門展示水母，不同品種的水母在黑暗的空間裡打上燈光，看起來很美。這裡的水母館非常療癒，特別的是城堡裡還有許多區域，小朋友可以直接觸摸到海星等的觸摸區，我覺得跟孩子去一趟登別尼克斯海洋公園是非常值得的。

▼ 金魚萬花鏡

✚ 一起來逛尼克斯海洋公園

❶海豚表演

❷沙丁魚館

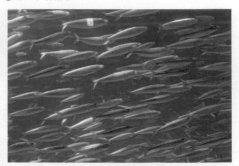

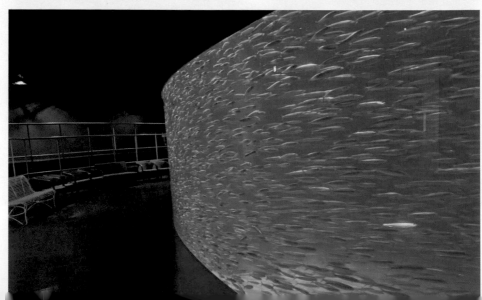

❸ 最受歡迎的企鵝遊行

—| Info. |—

登別尼克斯海洋公園（登別マリンパーク ニクス）

⌂ 北海道登別市登別東町 1-22
🚗 JR 登別駅徒步 5 分鐘
🕐 9:00 ～ 17:00
　 公休日：約每年 4 月中，詳情請查網站
@ http://www.nixe.co.jp/

❹ 水族館

❺ 水母療癒空間

充滿鬼塑像的

//////////////////////

極樂通商店街（登別溫泉街）

▲ 登別溫泉巴士總站出來就可看到鬼塑像及金棒

　　從JR登別駅往溫泉街的巴士基本有2種路線，大多數的只有停留到登別溫泉巴士總站（登別溫泉バスターミナル），另外終點站到達「足湯入口」的公車班次較少，若要去登別溫泉中央、第一瀧本前（第一滝本前），建議搭終點到足湯入口的巴士，可以比較接近主要的溫泉飯店，省一些步行的路途(尤其冬天有拉行李箱的朋友)。

▲ JR 登別駅

▲ 登別溫泉巴士總站

抵達登別溫泉巴士總站之後，到處都有各式各樣的鬼塑像及金棒(湯鬼神的棒子)，由湯鬼神守護著這座溫泉。登別溫泉是有150年歷史的老溫泉鄉，溫泉街也以鬼為主題，知名景點是地獄谷，登別溫泉的泉源來自地獄谷，也讓登別觀光整個以鬼為主題。登別溫泉街最熱鬧的一段老街是從於巴士總站開始，一路往上走到底就到達地獄谷了，這段沿途都是商店和餐廳，還有連鎖藥妝店、百元店進駐，讓溫泉街不太有老街的味道了。在溫泉街走到底，有個觀光客都會來看的景點「閻魔堂」，依季節每天會有幾場機關表演(表演時間：10：00、13：00、15：00、17：00、20：00、21：00※如氣候不佳閻羅王堂會關閉)，所謂「地獄的審判（地獄の審判）」的表演，就是表演時間到了，閻王會突然變臉，成為凶神惡煞樣，推動觀光總要想些名目不是嗎？

▲ 鬼塑像

▲ 地獄的審判

▲ 金棒（湯鬼神的棒子）

▲ 閻魔堂

極樂通商店街是當地的溫泉街，這裡除了有著名的「閻魔堂」之外，還有美食店、名產店、便利商店、藥妝店，就連百元商店也有，不管是白天或是晚上都非常熱鬧。在極樂通商店街貴泉堂有賣許多登別在地的念品伴手禮，旁邊有Can Do百元商店喔！在商店街可以一邊享受購物、霜淇淋與美食，一邊探索不同的鬼怪，好好逛逛這充滿特色的溫泉商店街。

▲ 極樂通商店街美食店

▲ 貴泉堂

▲ 有登別特別口味的霜淇淋

Info.

極樂通商店街

⌂ 登別市登別溫泉町

🚗 登別溫泉步行即可抵達

@ https://www.japan.travel/
en/spot/2156/

間歇泉 9 金棒的

/////////////////////////////

泉源公園

　　泉源公園是2008年為了紀念登別溫泉開湯150週年時新建的景點，地點就位在從登別溫泉街往地獄谷的路上，登別溫泉街角的小公園。從地獄谷流出的溫泉水，每3小時會在「泉源公園」噴發一次間歇泉，每次噴發時間50分鐘，號稱高度達8公尺。水溫高達80度的溫泉，讓公園內充滿霧氣，碰到冬天零下的氣溫，讓整個公園都煙霧瀰漫。公園裡設置了好幾座鬼石像，2013年時泉源公園引用了9星氣學豎立起9金棒，9種顏色的大型棒子，除了代表登別溫泉的9種泉源，每個顏色都代表著不同的祈福，可以掛上繪馬在上頭祈福。9根棒子分別是黑、茶、青、綠、紫、黃、赤、白、金，分別代表水、山、雷、風、火、地、澤、天、太極，分別祈願的是商賣繁盛、學業成就、無病息災、金運上升、立身出世、良緣成就、子孫繁榮、家庭圓滿、大願成就。

▼ 泉源公園

▲ 間歇泉

▲ 九星氣學

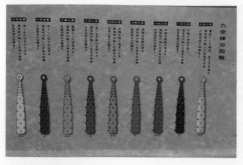
▲ 各代表著不同的祈福

▲ 青金棒

▲ 紫金棒

分享登別9種溫泉的療效及特色，可以參考一下：

登別9種溫泉	療效
硫磺泉	有解毒功能，可治療慢性皮膚病
明礬泉	能治療腳癬和蕁麻疹
食鹽泉	對神經痛、腰痛有療效
鐵泉	對貧血症和濕疹有療效
酸性鐵泉	殺菌力強
芒硝泉	對高血壓、外傷、動脈硬化有療效
綠礬泉	對貧血症和濕疹有療效
重曹泉	可軟化角質層，又稱美人泉
鐳泉	對神經痛、風濕、更年期症狀都有療效

───┤ Info. ├───

泉源公園

自由參觀　　公休日：無休

🚗 JR 登別駅搭道南巴士（道南バス）約 15 分鐘抵達登別
　　溫泉（登別溫泉）下車徒步 15 分鐘

@ http://www.noboribetsu-spa.jp/?see= 泉源公園
　　の間欠泉 &lang=ja

由赤青鬼守護的

/////////////////////////

湯澤神社

在靠近地獄谷的地方，有一對赤鬼和青鬼守護的鬼祠，是許多遊客必拍的景點。兩尊鬼像高度有3.5公尺和2.5公尺。這裡是湯澤神社，就位於在登別溫泉街要轉往地獄谷的路上，在登別最老溫泉旅館第一瀧本館旁，穿過鳥居、爬上階梯，就可暫時告別老街的喧鬧，到湯澤神社參拜一下吧。

▲ 赤鬼

▲ 青鬼

── Info. ──

湯澤神社（湯沢神社）

自由參觀（依季節不同）　　公休日：無休

🚗 JR 登別駅搭道南巴士（道南バス）約 15 分鐘抵達
登別溫泉（登別温泉）下車徒步 15 分鐘

@ http://jinjajin.jp/modules/newdb/detail.
php?id=7746

▼ 湯澤神社

 (Chapter 5 tab on right margin)

登別公園服務中心

小木屋

　　登別地獄谷入口處有一個登別公園服務中心（登別パークサービスセンター），是遊客中心也是免費的休息所。在遊玩地獄谷之前可以先繞過來「登別公園服務中心」，與周邊景觀非常融入的小木屋，內部為登別的觀光諮詢中心。會透過影片與立體透視模型來介紹登別，各個季節的情報與免費旅遊手冊也都一應俱全。設施中設有能上網的電腦，臨時想查詢更詳細的觀光資訊時非常方便！

　　登別公園服務中心內也設有伴手禮專區、自動販賣機，甚至有是美麗的廁所、椅子等等，觀光完地獄谷後也能夠在此休息。在冬季為了方便大家遊玩地獄谷，也有免費出借長靴的服務呢！如果有計畫要遊玩地獄谷的話，建議繞過來「登別公園服務中心」瞧瞧喔！

 Info.

登別公園服務中心

⌂ 北海道登別市登別溫泉町
@ http://www.bes.or.jp/

▶ 登別公園服務中心
的女廁標誌
▼ 小木屋

有如荒野大鏢客的

//////////////////////

登別地獄谷

▲ 登別地獄谷

　　登別地獄谷是登別溫泉的泉源，1萬年前這裡曾有火山噴發，至今地殼活動仍活躍，地底不斷噴煙和湧泉，加上空氣中的硫磺味，使人聯想到地獄景象。晚間步道上會點滿一盞盞燈火，成為鬼火之路（鬼火の路），會有神祕又詭異的氣氛，每年5月~11月還會舉辦「鬼火之路，夢幻神祕谷」的活動。

Chapter 5

▲ 地獄谷有約 600 公尺的探勝步道

　　「登別地獄谷」每日都會湧出將近萬噸的各種泉質的溫泉。位於離溫泉街約3公里處,是火山爆發所形成的火口痕跡,為此四處可見赤紅色的岩石及黃灰色的岩丘,裂縫噴出的溫泉、蒸氣、以及硫磺的濃烈氣味瀰漫,宛如鬼怪所居住的地獄因而得名。但從這裡自然湧出的溫泉,就是被輸送至登別當地各個知名的溫泉旅館。

　　地獄谷有約600公尺的探勝步道,可以慢慢散步大約只需15分鐘就能繞完一圈。道路平緩,老人小孩都適合,晚上探勝步道點燈後,有不一樣的風貌,若住一晚一定要來走上一趟。登別地獄谷隨著季節的變化會呈現各種不同景色,春天的花卉、夏天的原生林、秋季紅楓與冬季雪景,北海道四季都適合來一趟!

▲ 藥師如來

───┤ Info. ├───

登別地獄谷

⌂ 北海道登別市登別溫泉無番地
@ http://www.noboribetsu-spa.jp/

|加|映|場|
登別地獄谷微健行

　　登別地獄谷周圍，還有好幾個同樣是火山爆發後的湧泉處，像是「大湯沼」和「奧之湯」。大家可以把地獄谷想成一個風景區，這些景點之間都有步道相連接，每條路程都大約15～30分鐘，沿著登別地獄谷的散步步道指示，途中有一條叉路，從這條叉路的山中小徑走大約20～30分鐘就到了「大湯沼」和「奧之湯」。

　　大湯沼是周圍一圈約1公里的溫泉沼澤，雖然有溫泉噴出，但是無法泡湯。原因是噴出的溫泉溫度竟高達約130度，表面溫度也有40～50度。雖然禁止進入，但可以好好欣賞這片溫泉景觀！從沼澤底部噴出的溫泉含有硫磺成分。

　　隔著停車場在大湯沼的另一側，也有一個噴出高溫溫泉的沼澤，稱為奧之湯，也可以到奧之湯參觀喔！從沼澤底部噴出灰黑色硫磺泉的「奧之湯」，表面溫度竟高達75～80度的高溫！光是在觀賞區眺望就可以感受到不斷冒出熱氣與濃烈的硫磺味。

　　這兩個沼澤和登別地獄一樣，都是由俱多樂火山群火山爆發後形成的火山口遺跡，湧出的熱水慢慢累積形成的溫泉沼澤，屬於登別溫泉的源頭，可以感受到地球之威力與大地之魄力！

　　雖然大湯沼和奧之湯是僅供觀賞的溫泉沼澤，但是在這附近有可以享受足湯的溫泉河川。不是人工建造的，是自然形成的天然溫泉河川，「大湯沼天然足湯」是由大湯沼和奧之湯等湧出的高溫溫泉流入河川中形成的。從高溫的沼澤流到河川之間，溫泉的溫度慢慢降低，流到這附近時溫度適中，所以才可以在森林中享受天然的足湯！

「大湯沼」和「奧之湯」的微健行

❶大湯沼方向

❷遠眺大湯沼

❸繼續走是下坡

❹快要抵達的指示牌

❺大湯沼

❻這裡冒出的火山性煤氣，若是感覺不舒服趕緊離開！

❼大湯沼對面就是奧之湯

❽遠眺奧之湯

❾步道資訊

❿回程步道

| 加 | 映 | 場 |
登別熊牧場

　　從登別溫泉街搭乘4分鐘的纜車來到標高550m的山頂，這裡有個棲息著許多蝦夷棕熊的「登別熊牧場」。第1牧場為雄熊；第2牧場為雌熊，在此能近距離看到棕熊的姿態與撒嬌求食物的可愛姿態。也有專門給人進去，近距離觀察棕熊的「人之籠」也是個很有人氣的設施。

　　「登別熊牧場」還有著世界上唯一的「棕熊博物館」，陳列展示著棕熊自出生起至成熊各時期的樣貌、骨骼標本，另外還有熊的起源、棕熊的習性及生態等500種資料。也有展示愛奴民族的生活道具，能接觸到珍貴愛奴文化的「愛奴生活資料館」，喜歡動物的朋友一定要來「登別熊牧場」走走！

Info. 📷

登別熊牧場
⌂ 北海道登別市登別溫泉町 224
@ http://www.bearpark.jp/

▲ 登別熊牧場

//////////////////////

登別伊達時代村

　　「登別伊達時代村」是個重現江戶時代的街景，能體驗各種活動與欣賞表演的主題樂園。園內能欣賞表演的舞台分為室內3處與戶外1處，不管哪種表演，時間約為20分鐘左右，特別是「忍者霞之屋」中所上演的忍者武打與忍術會讓大家沉醉其中。光是走在園內，就會讓你產生好像回到江戶時代的感覺。

　　此外園內的「UTSUROI館」能穿著武士、忍者或花魁的服裝留下紀念照；「體驗道場」可投擲忍者手裡劍及弓箭等。而在「忍者資料館」中，有展示忍者使用的忍刀、手裡劍等道具與相關資料。在高為7公尺的火之瞭望台上，可將村內的美景盡收眼底。想要接觸江戶時代的日本文化的話，請一定要來「登別伊達時代村」！

Chapter 5

Info. 📷

登別伊達時代村

⌂ 北海道登別市中登別町 53-1

🕐 營業時間 (4 月～ 10 月)：9:00 ～ 17:00
　 營業時間 (11 月～ 3 月)：9:00 ～ 16:00
　 公休日：全年無休

@ http://www.edo-trip.jp/

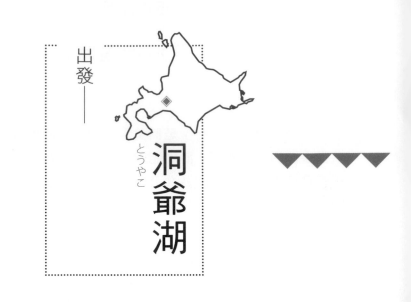

出發——

洞爺湖
とうやこ

洞爺湖

//////////////////////////
周邊好好玩

✚ 湖畔免費足手湯 (洞龍之湯)

　　洞爺湖旁的溫泉街頗具盛名，附近的溫泉飯店不計其數。要推薦的是在1930年興建的如來堂，它是為了祈求洞爺湖的發展與安全所建立的，用來祈求藥師可以保佑消除災難與病苦。2011年設置免費的足湯手湯公園，旁邊有一尊很可愛的藥師佛，背後的寺廟就是恭奉著前藥師如來。要泡足湯建議自己可以帶條小毛巾來擦腳，如果忘記帶也沒關係，這裡也有自動販賣機在販售。

Info.

洞龍の湯

⌂ 北海道虻田郡洞爺湖町洞爺湖溫泉 36-4
🕐 星期一 ~ 星期日 09:00–22:00
$ 免費
@ https://www.laketoya.com/

Info.

藥師の湯

⌂ 北海道虻田郡洞爺湖町洞爺湖溫泉 91
🕐 星期一 ~ 星期五 09:00–18:00 / 星期六 ~ 星期日 09:00–17:00
$ 免費
@ https://www.laketoya.com/

Chapter 5

環湖首選洞爺湖觀光船

　　洞爺湖的觀光乘船場，這艘是洞爺湖裡最大的觀光船，白天、晚上都有營業，夜晚也有乘船看煙火的服務，一個人價格1600日幣，洞爺湖汽船目前擁有ESPOIR(エスポアール)、幸福(こうふく)、羊蹄(ようてい)、高速2000等四艘船。最大型的ESPOIR就是煙火觀賞船，可搭載700名乘客，擁有可提供正式用餐服務的空間。

─┤ Info. ├─
⌂ 北海道虻田郡洞爺湖町洞爺湖溫泉
🕐 運航時間：夏季運行（4月下旬～10月底）8:00～16:30(每隔30分)※冬季(11月～4月初) 9:00～16:00(每隔60分)
@ http://www.toyakokisen.com/price/price02.html

▲ 洞爺湖觀光船

夏季煙火宴饗的洞爺湖

　　洞爺湖夏季煙火大會的舉辦，起源於想挽回受到有珠山火山噴發影響而減少的觀光客，所以從1982年（昭和57年）開始了為期3個月的煙火企劃，演變至今已是持續6個月長的盛大活動。每天長達20分鐘的各式各樣煙火秀，除了從湖畔、住宿房間內或溫泉區等地方可欣賞到之外，還有先前提到的ESPOIR觀光船，在晚上也會變成「煙火觀賞船」，可以近距離看到煙火。煙火觀賞船每晚20:30出發，大人門票1,600日圓、小學生

門票800日圓，我使用飯店給我們的割引（優惠）券，大人門票1,440日圓（票價以現場為準）。

　　夜晚的煙火就是在雕刻公園的湖畔旁施放的，夜晚的洞爺湖在4月下旬到10月底這段期間，每天晚上8:45分開始，每天都會施放20分鐘的煙火，在湖畔看煙火跟在市區看是不一樣的，鏡子般的湖面，被煙火亮光照映的煙火倒影美得難以形容，能在夏日的洞爺湖湖畔看著煙火，實在太享受了。

▲ 煙火觀賞船

▲ 夏季煙火宴饗

▲ 雕刻公園

▲ 洞爺湖環湖觀光船

▲ 雕刻公園直走有兒童遊憩區

Info.

洞爺湖夏季煙火大會
⌂ 〒 049-5721 北海道虻田郡洞爺湖町洞爺湖温泉湖畔
🕐 舉辦期間：每年 4 月 28 日～ 10 月 31 日 / 20:45 ～ 21:05 ※ 若天氣不佳則中止
$ 免費

➕ 洞爺湖與登別比一比

同屬支笏國立公園範圍的登別溫泉及洞爺湖溫泉，常常讓許多朋友在行程規劃中出現選擇困難症，當然我們也是這樣，兩邊的溫泉都想嘗試，無奈旅行時間緊迫，只能從中選擇，我們最終選擇入住洞爺湖附近的溫泉飯店，當然是想一石二鳥，想泡溫泉兼看煙火，所以壓縮了在登別的行程，順路選擇住宿洞爺湖，然後隔天前往函館。順便分享我們在選擇困難症下，整理出洞爺湖與登別的比較，給需要抉擇的朋友參考。

	洞爺湖	登別
交通	洞爺湖是擁有自然美麗的湖泊和遠山。	登別就是地獄谷，北投溫泉的那種氛圍。
景點	洞爺湖的範圍比較大，所以要看住的旅館。	登別溫泉的商店街和溫泉旅館都集中在一起。
熊牧場	熊牧場園區蠻小的，大概20分鐘就可以看完。	可以從溫泉區坐纜車上去，不同體驗，比較有趣。
溫泉區	JR站前換道南巴士上去溫泉區，車程也都是大約20分鐘。	JR站前換道南巴士上去溫泉區，車程也大約20分鐘。
夏季夜間	洞爺湖夏日煙火大會很專業，其煙火美麗的程度都遠勝登別規模。	登別在地獄谷也會舉辦夏日花火活動，有配合一些鬼面舞蹈及施放煙火。
其他	昭和新山除了有熊牧場和一些小博物館外，還可以搭纜車到有珠山，在山頂欣賞湖光山色。	會湧出9種不同類型的溫泉，有「溫泉百貨」的別名。

大沼公園

//////////////////////

親子環湖自行車之旅

　　來到大沼公園算是一償宿願，因為上次來到函館的時候，沒有在這邊停留，這次特別安排前往大沼公園，心中的願望就是跟孩子來一趟鐵馬環湖行。

　　抵達大沼公園站後，出車站右轉就是大沼公園觀光案內所，在櫃台可以拿到腳踏車租用折價券。遊客中心也可以寄放行李，比車站寄物櫃便宜喔！

▼ 大沼公園觀光案內所

　　寄放好行李後，就直接朝大沼公園站正對面的腳踏出租店走去，拿出折價券一台車可以折抵200日圓，原本1000日圓/1天的腳踏車，我們一台車租借一整天變成800日圓/1天，店家給我們一張環湖地圖，14公里的距離，騎腳踏車3小時之內就可以完成。車店老闆建議我們逆時針方向開始，而且只有一條環狀路，不會迷路！若需要安裝兒童座椅，跟店家說會協助安裝，小小孩兒童座椅可安排在前座，較大的小孩可以坐在後座，也有協力車可以租借。這趟大沼公園親子腳踏車環湖，將是一個非常好的記憶點。

環湖路上有許多導引指示牌，每一小段路會出現提醒騎車的我們，現在到哪了，知道自己已完成多少距離。通常只要有可以停腳踏車的鐵架環，就可以了解會有景點在附近。每次停好車走進去都會有不同的發現，體驗不同風貌的大沼公園。這次親子腳踏車環湖之旅，天氣不會太熱但是有陽光，沿途的微風吹過，孩子們都覺得好舒服，超開心的！一路上有很多林蔭道路，停車下來走走非常舒服，整個人有被大自然照拂洗滌的感覺。就這樣遇到美景停下車來拍照，照照停停，原本預估2個小時的腳踏車車程，大概花了近3個小時才完成。非常建議來大沼公園，留點時間來這裡騎腳踏車環湖，環湖的路程上多數是平路，不難騎只有一小段是上坡。記得要做好防曬，建議若要帶小孩來環湖腳踏車之旅，要配合一下孩子的平時作息時間，免得因想睡午覺而吵鬧掃興。

✚ 大沼公園親子鐵騎環湖風光

❶我們是以逆時針方向騎

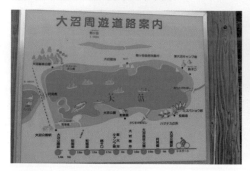

❷沿途有商店及咖啡店

❸有的是私人莊園不要誤闖

❹沿途有神社

❺抵達大沼森林公園

　　時間恰好可以趕上計畫中前往函館的班車，心中真是充滿感激。旅行中天公總是作美，環湖時陰天偶有陽光很是舒適，老天爺有疼惜這趟親子樂遊，前往案內觀光所領取了先前寄放的行李，接著從大沼公園向函館出發，搭乘JR約40分鐘的車程抵達下一站，是北海道第三大城市——函館。

▼ 從大沼公園向函館

┤ Info. 📷 ├

大沼公園

⌂ 北海道龜田郡七飯町

🚗 搭乘 JR 特急列車約 30 分鐘至「大沼公園站」下車，
　步行 5 分鐘

@ https://www.japan-guide.com/e/e5356.html
大沼公園導覽地圖 http://onumakouen.com/pamphlet/

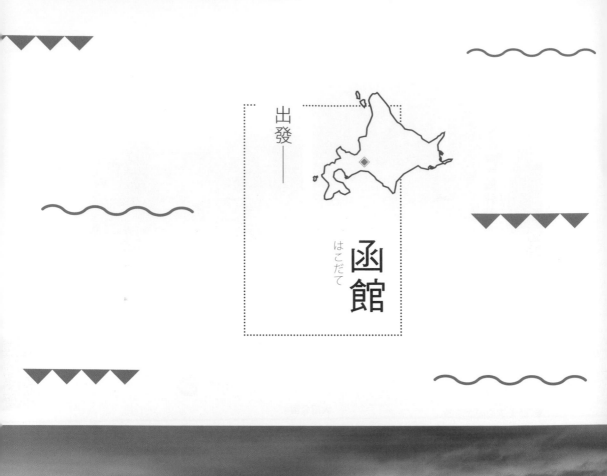

出發——

函館
はこだて

米其林三星級的

//////////////////////////

函館山百萬夜景

　　前往函館山頂有兩種方法，一是搭乘纜車，一是搭乘巴士。在JR函館車站前的巴士總站，有按時刻表出發直達函館山的觀光巴士，比搭纜車上山便宜許多。從JR函館車站的4號巴士站，搭乘寫有「函館山」的觀光巴士，還有隨車服務小姐！搭乘巴士上函館山是相當有趣的經驗，為了讓乘客清楚看見窗外夜景，巴士內會熄燈，沿路也會有解說員使用中、英、日3種語言，提醒大家欣賞窗外美景，很特別。

　　巴士抵達函館山之後，就開始等待太陽公公下山，想要佔到一個拍照的好位子，就要早點來佔位，因為這裡觀光客很多。函館山的標高為334公尺，比東京鐵塔的333公尺高一點點，三面環海的函館，讓遊客從市區南側的山上向北眺望，左右兩邊都是海岸，因此市區的夜景是呈現出一個「工」字型的圖案，再加上市內建築多半不高，視野範圍很廣。在函館山待了將近2小時，從傍晚等到夜間，當天色漸漸變成寶藍色很是美麗！百萬函館夜景映入眼前，而且越夜越美麗。雖然網路上大家拍的照片都是同一個角度，但親眼所見還是震撼萬分，所以絕對要親自上函館山看看這絢麗的夜景，將百萬夜景裝進口袋。

▲ 百萬函館夜景映入眼前，而且越夜越美麗

Info. 📷

函館山夜景

⌂ 北海道函館市元町 19-7

🚌 交通方式：從「函館山ロープウェイ山麓駅」
搭乘纜車至「函館山ロープウェイ山頂展望
台」即達；從函館車站搭乘函館巴士的函館山
登山巴士至「函館山」下車即達，約 30 分鐘。

纜車營運時間
4 月 25 日～10 月 15 日 10:00 至 22:00
（最末班由山麓站發車為 21:50）
10 月 16 日～4 月 24 日 10:00 至 21:00
（最末班由山麓站發車為 20:50）

抽到幸運強運獎的

////////////////////////

幸運小丑漢堡（Lucky Pierrot）

▲ 幸運小丑漢堡（Lucky Pierrot）

　　這家漢堡被日本人票選為「全日本最好吃的漢堡」，若是來函館自由行錯過這項美食，會搥心肝！因為只有函館限定！為什麼叫「小丑」漢堡？創辦人小時候，因為偶然看到馬戲團正在巡演，當小小的他從人群的縫隙中看過去，映入眼簾的就是小丑，讓他印象十分深刻，他心裡想如果有一天可以開店，一定要跟小丑有關，後來他成功開啟漢堡事業，店名當然就是「小丑（pierrot）」了，為了能給顧客歡樂和幸運，加了「LUCKY」一字，就成了現在的幸運小丑漢堡。幸運小丑不只是漢堡店，更是家庭餐廳，漢堡以外還有日式咖哩飯、日式炒麵、炸豬排飯等當地人愛吃的家常菜，都是獨具特色又道地的手工美食。

　　看到亮眼的黃色招牌加上鮮豔的小丑彩繪，就知道這是正宗的「幸運小丑漢堡」，目前在北海道函館有17家分店，每家分

店的裝潢都各具特色，有的是搖滾歌手主題，有的則是小天使的浪漫風格例如「五稜郭」附近的分店，裝潢就是滿滿的小天使，每家分店還會出品該店限定的店章。

最受大家推薦的「中華雞腿堡」，單點只要350元日圓，可以加價升級套餐為650日圓（價格以現場為準），就會附上薯條和飲料，是小丑漢堡的「第一名的漢堡」。這天我單點一個只要特價275日圓，因為在慶祝30周年慶，更幸運的是，在幸運小丑漢堡結帳時，服務員轉身拿起搖鈴說我中獎了，我當場得到小丑漢堡的幸運強運獎，獲得金獎禮品耶！我內心的小劇場也是在轉圈圈，這實在太幸運了！

▲ 幸運強運獎　　　　　　　　　　　▲ 中華雞腿堡

還有要特別介紹的副餐薯條，全日本最美味的北海道馬鈴薯，本身就帶有一股獨特香氣，小丑漢堡的薯條炸得酥脆金黃後再淋上香濃起士醬和肉醬，你抵擋得住嗎？馬鈴薯的甘甜，加上起士的濃郁，絕對是天作之合啊！萬歲！

┤ Info. ├

幸運小丑漢堡（Bay Area 海灣店 ベイエリア）
⌂ 北海道函館市末廣町 23-18
　「ベイエリア本店」是在「金森紅磚倉庫」附近
🕐 10：00~24：30（星期六至翌 01：30）
@ http://luckypierrot.jp/
小丑漢堡中文菜單：http://luckypierrot.jp/ch/menu/

函館朝市

/////////////////////

釣烏賊

　　來到函館不能錯過品嚐美味海鮮的機會，所以起個大早來到函館朝市，它就位於JR函館車站旁邊，出站即刻可以抵達函館朝市。這裡從早上就能夠開始品嚐海鮮，許多人也會在早晨享用豪華海鮮丼。

　　帶孩子來一定要來嘗試自釣函館名物，烏賊的店家。而釣到的烏賊將會現場料理直接做成壽司，別多想吃就對了，新鮮入口即化的口感，一吃就難忘。

　　函館朝市不僅能品嚐海味，有許多店鋪販賣當季、在地特產以及生活雜貨等，中午過後很多店都會關門，所以要在中午前前往嚐鮮喔。

Chapter 5

Info. 📷

函館朝市

⌂ 北海道函館市若松町 9-19

🕐 ① 1 月～ 4 月　6:00 ～ 12:00(只是部分商店到 14:00)
　② 5 月～ 12 月　5:00 ～ 12:00(只是部分商店到 15:00)
　休息日：年中無休 (依據店鋪有差別)

🚗 JR 函館站徒步 1 分鐘、路面電車函館站前徒步 2 分鐘

▶ 函館朝市

◀ 可函館名物，烏賊的店家

巨大星形城

//////////////////////////

五稜郭

▲ 巨大星形城五稜郭

　　在JR函館駅前的巴士總站，搭乘前往五稜郭塔的巴士，簡單又方便。

　　五陵郭是日本江戶時代建造的一個星形要塞城郭，是日本百大名城之一，也是日本的國家特別史蹟，由江戶幕府於西元1857年開始建造，到了西元1864年完成這星形的城郭。五稜郭曾經稱為龜田役所土壘或龜田御役所土壘，也因城池所處地方本來是濕地，植有大量細柱柳，又稱柳野城，是日本第一個西洋城郭。江戶幕府在慶應2年（西元1868年）隨江戶開城而滅亡，而五稜郭由箱館府接管，但在箱館戰爭時被舊幕府軍佔領城為根據地。明治時代將所有建築物拆除，只保留一棟，並改為大日本帝國陸軍的練兵場，西元1914年改建為五稜郭公園並對外開放。

　　今天買票後，前面一位日本太太跟我分享，她手上有一本全日本百城的書，五稜郭是她唯一還沒達陣的百城，實在很欽佩，看著她翻閱她手上那本百城的歷史及蒐集章，非常佩服她的毅力及決心！買完票就準

備登上五稜郭塔，五稜郭塔為五稜郭築城100年紀念（西元1964年）時所建造的，不過在西元2006年6月退役拆除，目前的五稜郭塔為二代，在2006年4月啟用，比起舊的更高、視野也更好。從五稜郭展望台可以看到函館山、津輕海峽和橫津連峰，當然最重要的是可以看到完整的五稜郭星型唷！此外在展望台也有「五稜郭歷史回廊」，不只是文字還有模型解說著這一整段歷史，有興趣的人可以花時間好好參觀喔！

▲ 五稜郭塔買票處

▲ 五稜郭塔

這裡真的很殺記憶卡，照了許多照片也逛了書店，買了一本五陵郭的歷史書，結帳的時候服務員問我有沒有集點券，原來現在正在紀念五稜郭百週年慶，只要集滿3點就可獲得紀念品，又是幸運的一天，服務員給了我一張集點券也幫我蓋章，我們就去旁邊買一支濃郁的牛奶霜淇淋完成集點，並獲得紀念品，旅行的樂趣就是隨時都有不經意的驚喜。

▲ 北海道觀光景點都備有紀念章，有的還有提供蓋紀念章的紙張

接著，從室內走到戶外的五稜郭公園，這是函館著名的賞櫻勝地，也是獲國家指定為特別史蹟的五稜郭遺跡，是個自然景觀豐富的公園。春櫻、夏綠、秋楓、冬雪，四季的獨特景觀讓人回味無窮。到緊鄰的五稜郭塔展望台上，可將巨大星形城郭一覽無遺。

我們沿著城牆走了一圈，園區周邊設有美術館，可以欣賞跟函館相關的美術作品；以及介紹函館和北海道漁業歷史的文化資料館等。五稜郭公園電車的沿線周邊，有不少百貨公司及餐飲店，是函館的熱鬧街區，深受年輕人歡迎。

Info. 📷

五稜郭塔（五稜郭タワー）

⌂ 北海道函館市五稜郭町 43-9

🕐 4 月 21 日～ 10 月 20 日 8:00 ～ 19:00、10 月 21 日～ 4 月 20 日 9:00 ～ 18:00、1 月 1 日 6:00 ～ 19:00、全年無休

🚌 市電「五稜郭公園前」下車後徒步約 15 分鐘、函館巴士「五稜郭公園入口」下車後徒步約 7 分鐘

▼ 五稜郭公園

充滿異國風情的

////////////////////////////

元町（もとまち）

　　1859年，函館港作為日本首次對外開放的國際貿易港，當時從海外前來居住的人數開始增加，讓現在的元町有美國、俄羅斯、英國等等，融合各式各樣文化的建築物，變成一個觀光景點。元町區指的是函館山山腳下的廣泛區域。從路面電車末廣町站（末広町駅）到十字街站（十字街駅）的範圍內有一些觀光景點。從函館站搭路面電車到末廣町站約7分鐘，走路則約20分鐘左右可以到達。

　　充滿異國情調的「元町〈Motomachi〉」有著西式風格的街道、華麗雅致的西式建築，像是：各國教會、舊時領事館、以及不少明治時代建造的現代化建築物林立，徜徉在有如電影場景般的浪漫景致，相機裡的記憶卡肯定是不夠用的！元町區域中具有象徵性存在的，就是日本第一個俄羅斯正教會函館正教會，還有教會群、八幡坂等滿溢著異國風情的區域。

▲ 元町—八幡坂

✛ 元町散策

❶元町路線

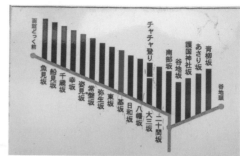

❷元町公園前的藝術雕刻像

❸元町公園觀光案內所

❹教會群

❺路邊消防栓也好吸睛

❼指示路牌

❻周邊建築與商店

❽結緣神社

Info. 📷

函館正教會

⌂ 函館市元町 3-13

🚃 市電「十字街」下車、
　徒步 15 分鐘

@ http://orthodox-
　hakodate.jp/

玫瑰滿園的

//////////////////////////

舊英國領事館

▲ 舊英國領事館

從1859年開始，共被使用了75年的函館市舊英國領事館，因能讓人重新了解當初開港樣貌，至今依舊相當具有人氣。因就位在八幡坂附近，若有到八幡坂的話，請一定要到此繞繞。

不僅可以了解歷史，還可以跟可愛的背板、繪有世界地圖的拼布拍攝紀念照，亦或是品味道地的英國紅茶和點心，每年的6月下旬～7月上旬是賞花時間。

┤ Info. 📷 ├

舊英國領事館
⌂ 函館市元町 33-14
@ https://tw.visit-hokkaido.jp/destinations/
experience-edo-period-culture-at-the-
hakodate-former-british-consulate

最受親子歡迎的街道

//////////////////////////

八幡坂（はちまんざか）

　　八幡坂是被票選為第一名想去的日本坡地，筆直延伸的路面，一路可延伸到海灣處的函館港。從函館站出發，步行到八幡坂約20分鐘，搭路面電車則約15分鐘(末広町站)。若是想要拍攝觀光客較少的景色的話，建議10點以前就要到達。

▼ 八幡坂

Info. 📷

八幡坂

⌂ 函館市末廣町

🚗 搭乘市電至「末廣町」下車後步行約 1 分鐘

Chapter 5

兒童的樂園

////////////////////////

函館公園

▲ 函館公園內有動物園　　　　　　　　▲ 函館公園「兒童王國」遊樂園

　　位於函館山山麓的函館公園，被選為「日本歷史公園100選」和「北之造園遺蹟」，是充滿歷史性的公園。建於1879年、北海道第一個洋式公園。在公園內有市立函館博物館、兒童王國等遊樂園，所以不論是大人還是小孩都可以開心玩樂。

　　函館公園裡有日本第一間由地方政府所建置的博物館，以及石川啄木的和歌石碑，同時也是有名的賞櫻勝地，據報導櫻花開的時候非常漂亮！賞花期間也會有很多的路邊攤，可以吃到多種日本當地小吃。函館公園是當地人賞櫻地點，這個地區公園雖然佔地不大，但能感受到民間的守護力量，沒有觀光團客會來打擾的在地幽靜景點。

　　在函館公園內有動物園和「兒童王國」遊樂園，洗手間設備完善，是適合一家大小一同前往的人氣景點。

Info. 📷

函館公園

⌂ 北海道函館市青柳町 17

🚌 電車 : 函館市路面電車青柳町站→步行 3 分鐘 ; 或者谷地頭站
　　公車 : 函館公車 53 號線 (昭和營業所往谷地頭溫泉方向) , 於「函館公園站」下車步行即達

金森紅磚倉庫群的
///////////////////////////////
灣區 BAY

　　灣區BAY是位於元町海邊的區域。港邊佇立著紅色倉庫群，景色相當優美，在此有各種不同的遊玩模式，可以與美麗景色一同合影，還能購物、享用啤酒等美味。

▲灣區 BAY 的幸運小丑漢堡店

▲也有行經灣區 BAY 的觀光巴士

▼ 金森紅磚倉庫群

✚ 金森紅磚倉庫群

　　顧名思義前身是倉庫的金森紅磚倉庫群，現今成為購物商場的複合型設施，位於JR函館周邊，並靠近函館港。館內有販售時尚服飾、生活雜貨、北海道伴手禮等應有盡有。在咖啡廳內也可以品嚐到用新鮮牛奶製成的冰淇淋及函館在地的美食甜點。

─┤ Info. ├─

金森紅磚倉庫群
🏠 北海道函館市末廣町 14-12
🚗 最近車站：①路面電車十字街站 ② JR 函館站
　　交通方式：路面電車十字街站徒步 5 分；JR 函館站徒步 15 分
🕐 營業時間 :9:30 ～ 19:00　　休息日 : 年中無休

▲ 金森紅磚倉庫群館內
▼ 灣區 BAY 美麗景色

有船的博物館

//////////////////////////

函館港

　　函館港就位在函館車站附近，因漁港、貿易港而繁盛，函館港有許多船隻往返，從4月開始到12月之間，還可以搭乘「Blue moon」觀光船遊覽函館港周邊。

Info. 📷

函館港

⌂ 函館市末廣町 14-17

🚗 市電「末廣町」或「十字街」徒步約 5 分鐘、
　 JR 函館站徒步約 20 分鐘

✚ 青函連絡船紀念館──摩周丸 (ましゅうまる)

　　位在函館車站旁的青函連絡船紀念館，摩周丸是一座船的博物館，孩子們可以進入駕船室感受當船長的威風，或是到甲板上吹拂清爽海風。

Info. 📷

青函連絡船紀念館

⌂ 北海道函館市若松町 12 番地先

@ http://www.mashumaru.com/?

結語

　　從二個孩子5歲及3歲時就開始帶著出國，第一次的新加坡全家旅遊，然後去了數次的日本東京，東京迪士尼及海洋迪士尼各去了2次，香港迪士尼去過一次，還有泰國、澳門、大阪等等。對我而言，帶著孩子一起旅行是一定要持續的事，在旅行中，我也會受不了兒子龜毛的個性，女兒不敢坐雲霄飛車，不敢做好多好多的事。例如，我們要上北海道札幌的電視塔，她堅持不去一定要在出口等我們，所以常常缺一位再行會合。在這樣親子遊的歡樂與磨合中，我們做爸媽所獲得卻更多，也更加了解孩子的個性、喜好以及相處方式，唯一不變的是我們對彼此的互信互愛。

　　孩子與我對北海道有一份特殊的情感，第一，是雪的神奇，第一次來到北海道，孩子看到白雪時咧嘴大笑，小口張嘴當雪盆來接雪、吃雪，那真的是「雪盆小口」，這是當爸媽永遠的記憶；第二，冬季不自駕，歪打正著，第一次來到北海道，就玩盡了札幌雪祭、小樽雪燈節、支笏湖冰濤祭，與孩子一起在雪地共享所有的新鮮感與歡樂，從北海道出發，能發酵出親子永恆的黏著度。

　　我真心想跟各位讀者分享，國外親子旅遊與國內旅遊的最大不同是，全家置身在語言、文化及生活習慣完全陌生的環境，孩子們牽著我們的大手，是全心全意看著大人們對於環境處事隨機應變的一舉一動、一言一行。我們與人互動的所有行為，都成為他們骨子裡待人處事的養分，旅行中的寓教於樂，包含爸媽的身教，千萬別輕忽了。

　　這本北海道親子樂遊去，是基於我們不喜歡開車，但非常喜歡北海道，而發現北海道不自駕更加輕鬆有趣的玩法。這是一本我們實地走過的親子樂遊，我不想給你們大堆頭的旅遊資訊，僅去蕪存菁地把我們所見、所聞、所體驗的點點滴滴與你們分享。這本書的親子樂遊亮點，確實不同於坊間北海道旅遊所介紹的景點，我也承認我喜歡帶著孩子去看山、看水、看展覽，這些景點是我精心選擇的，是希望提供愛孩子的爸媽們，親自去規劃屬於你們全家的親子樂遊；或者不妨就跟著我們的實境足跡，不慌不忙地走一趟北海道。一生至少來訪四次(春、夏、秋、冬)的神奇大地，北海道絕對值得大手牽小手一起去探索，共同創造出讓全家人難忘的旅遊回憶！

▲ 大手牽小手一起探索北海道

Orange Travel 17

第一次北海道親子自由行好Chill
── 一家大小最輕鬆、最省錢的樂遊提案！

作者：法蘭西

───────── 出版發行 ─────────

橙實文化有限公司 CHENG SHI Publishing Co., Ltd
粉絲團 https://www.facebook.com/OrangeStylish/
MAIL: orangestylish@gmail.com

作　　者	法蘭西	
總 編 輯	于筱芬	CAROL YU, Editor-in-Chief
副總編輯	謝穎昇	EASON HSIEH, Deputy Editor-in-Chief
業務經理	陳順龍	SHUNLONG CHEN, Sales Manager
媒體行銷	張佳懿	KAYLIN CHANG, Social Media Marketing
美術設計	楊雅屏	Yang Yaping
製版／印刷／裝訂	皇甫彩藝印刷股份有限公司	

───────── 編輯中心 ─────────

橙實文化有限公司
ADD／桃園市大園區領航北路四段382-5號2樓
2F., No.382-5, Sec. 4, Linghang N. Rd., Dayuan Dist.,
Taoyuan City 337, Taiwan (R.O.C.)
TEL／（886）3-381-1618　FAX／（886）3-381-1620
MAIL: orangestylish@gmail.com
粉絲團https://www.facebook.com/OrangeStylish/

───────── 經銷商 ─────────

聯合發行股份有限公司
ADD／新北市新店區寶橋路235巷弄6弄6號2樓
TEL／（886）2-2917-8022　FAX／（886）2-2915-8614

初版日期 2023年7月

第一次
北海道
親子自由行
好
CHILL

第一次
北海道
親子自由行
好
CHILL